全国中等职业学校国际商务专业系列教材
商务部十二五规划教材
中国国际贸易学会规划教材

语文（上）

主　编　杨鸣红
副主编　于万里　续建宏

中国商务出版社
CHINA COMMERCE AND TRADE PRESS

图书在版编目（CIP）数据

语文. 上／杨鸣红主编. —北京：中国商务出版社，2015.7

全国中等职业学校国际商务专业系列教材　商务部十二五规划教材　中国国际贸易学会规划教材

ISBN 978-7-5103-1355-4

Ⅰ. ①语…　Ⅱ. ①杨…　Ⅲ. ①语文课—中等专业学校—教材　Ⅳ. ①G634. 301

中国版本图书馆 CIP 数据核字（2015）第 186341 号

全国中等职业学校国际商务专业系列教材
商务部十二五规划教材
中国国际贸易学会规划教材

语文（上）
YUWEN

主　编　杨鸣红

副主编　于万里　续建宏

出　版：中国商务出版社
发　行：北京中商图出版物发行有限责任公司
社　址：北京市东城区安定门外大街东后巷 28 号
邮　编：100710
电　话：010—64269744　64218072（编辑一室）
　　　　010—64266119（发行部）
　　　　010—64263201（零售、邮购）
网　址：http://www.cctpress.com
网　店：http://cctpress.taobao.com
邮　箱：cctp@cctpress.com；bjys@cctpress.com
照　排：北京开和文化传播中心
印　刷：北京密兴印刷有限公司
开　本：787 毫米×1092 毫米　1/16
印　张：9　　字　数：184 千字
版　次：2015 年 7 月第 1 版　　2015 年 7 月第 1 次印刷

书　号：ISBN 978-7-5103-1355-4
定　价：25.00 元

编　委　会

本书编委会

主　编　杨鸣红

副主编　于万里　续建宏

参　编　（按汉语拼音排序）

段晓玲　乔瑞丽　王二明　王凯湘

王毅玲　吴予华　续建宏　杨　光

杨鸣红　于万里　张爱民　张　力

张书文　周　彬

总　序

　　为贯彻全国教育工作会议精神和教育规划纲要，建立健全教育质量保障体系，提高职业教育质量，以科学发展观为指导，全面贯彻党的教育方针，落实教育规划纲要的要求，满足经济社会对高素质劳动者和技能型人才的需要，全面提升职业教育专业设置和课程开发的专业化水平，教育部启动了中等职业学校专业教学标准制订工作。按照教育部的统一部署，在全国外经贸职业教育教学指导委员会的领导和组织下，我们制定了中职国际商务专业教学标准。

　　新教学标准的制定，体现了以下几方面的特点：

　　1. 坚持德育为先，能力为重，把社会主义核心价值体系融入教育教学全过程，着力培养学生的职业道德、职业技能和就业创业能力。

　　2. 坚持教育与产业、学校与企业、专业设置与职业岗位、课程教材内容与职业标准、教学过程与生产过程的深度对接。以职业资格标准为制定专业教学标准的重要依据，努力满足行业科技进步、劳动组织优化、经营管理方式转变和产业文化对技能型人才的新要求。

　　3. 坚持工学结合、校企合作、顶岗实习的人才培养模式，注重"做中学、做中教"，重视理论实践一体化教学，强调实训和实习等教学环节，突出职教特色。

　　4. 坚持整体规划、系统培养，促进学生的终身学习和全面发展。正确处理公共基础课程与专业技能课程的关系，合理确定学时比例，严格教学评价，注重中高职课程衔接。

　　5. 坚持先进性和可行性，遵循专业建设规律。注重吸收职业教育专业建设、课程教学改革优秀成果，借鉴国外先进经验，兼顾行业发展实际和职业教育现状。

　　为适应中职国际商务专业教学模式改革的需要，中国商务出版社于2014 年春在北京组织召开了中职国际商务专业系列教材开发研讨会，来自北京、上海、广东、山东、浙江的 30 余位国际商务专业负责人和骨干教师参会。会议决定共同开发体现项目化、工学结合特征的 15 门课程教材，并启动该项目系列教材的编写。目前，教材开发工作进展顺利，并将于 2015 年春季陆续出版发行。

本系列教材的编写原则是：

1. 依据教育部公布的中职国际商务专业标准来组织编写教材，充分体现任务驱动、行为导向、项目课程的设计思想。

2. 设计的实践教学内容与外贸企业实际相结合，以锻炼学生的动手能力。

3. 教材将本专业职业活动分解成若干典型的工作项目，按完成工作项目的需要和岗位操作规程，结合外贸行业岗位工作任务安排教材内容。

4. 教材尽量体现外贸行业岗位的工作流程特点，加深学生对外贸岗位及工作要求的认识和理解。

5. 教材内容体现先进性、实用性和真实性，将本行业相关领域内最新的外贸政策、先进的进出口管理方式等及时纳入教材，使教材更贴近行业发展和实际需求。

6. 教材内容设计生动活泼并有较强的操作性。

在具体编写过程中，本系列教材得到了有关专家学者、院校领导，以及中国商务出版社的大力支持，在此一并表示感谢！由于编者水平有限，书中疏漏之处在所难免，敬请读者批评指正。

姚大伟　教授
2014 年 12 月 28 日于上海

前　言

在教育部全国外经贸教育教学委员会的组织领导下，全国各省市的著名中等职业学校，为实践教育部关于中等职业学校课程改革的有关精神，联袂规划了中等职业学校的"十二五"国际商务专业教材。本语文教材是指定的公共基础课程教材。

本语文教材编写者大部分来自活跃于全国各中等职业学校教学一线的教师，感谢网络，让散居各地的教师能迅疾地沟通意见，确定框架，选定文本。其间的繁复、纠结、意见不同产生的情绪非亲历者实在难以体会。

某张报纸的专栏作家，旅居国外多年，在专栏前的自我介绍中这样写道：爱读书——闲书，不爱读书——教科书。作家求个新颖，说点夺人眼球的话也无可厚非。但是一个学生时代就不喜欢读语文书的人，成年后成为了作家，那只能是语文教材编者的遗憾了。

如何才能编写出一本受学生爱读的，让老师爱用的语文教材是让本教材每位参编者竭尽脑力的问题。借此前言，诚意为每位本教材的使用者介绍拙作的特点。

以下就体例的形成，文本的选定角度归纳本教材的特点：

一、篇幅适用，结构简单

本教材共分四册，可供四个学期使用。其中应用文分册单列，其余三册分上中下，考虑到各省市学校语文教学时间安排长短不一致，可以方便各校选用。建议应用文分册不管语文课时安排一学年还是两个学年，尽量安排完整的一个学期实施教学。应用文写作是中等职业学校学生语文实际能力的最好体现，是语文教学和企业岗位需求"无缝对接"的最好实践。其余三册教材，注重语文学科知识体系的相对完整和统一，单元安排以现代文，文言文分类，再根据现代文不同的文体建立单元，在教材组成上我们力求精简，只以文本为内容，不夹杂任何补充材料，让教材轻薄但文本就课时来说足够使用。

二、选文兼顾中外，注重传统，体现时代

本教材选文古今中外兼顾，传统的经典篇目为主，但也遴选了不少时代感强烈的美文佳作。经过时间的沉淀，以往教学经验的积累，传统篇目的光彩可以更好地引领学生体味厚重的祖国传统文化，增加学生对汉语言文字的亲近感。入选课文以帮助学生构建正确的价值观、健康的人生观为原则，让课文洋溢的人文气息熏陶学生，帮助他们成长，养成高尚的人文情操。

三、注重导学，启发思维

本语文教材每篇课文前编写了精炼的阅读提示，为学生做了最充分的导学，同时也方便教学。

课后思考题设计不满足于一般的字词解释，尽量不在一个知识点上重复，控制题量。注意客观题和开放题的比重，引导学生养成思维习惯，探究意识，让学生自觉体悟学习语文的需要和快乐。

最后，感谢各位同仁，在繁忙的教学之余，在匆忙的时间内做了最从容的应对，按时完成了教材的编写。同时，最感谢商务出版社的闫红广编辑为教材的按时出版付出了最大的努力。教材的落实，还得到了教育部、外经贸教委、参编学校的领导的大力支持，再此见表衷心的感谢。

编者

2015 年 7 月 8 日

目　录

第一单元　散　文

一、同题散文两篇

阅读提示

本课选了两篇同题的记人散文。

阅读老舍的《我的母亲》时，要理清作者是依照什么顺序写母亲一生的；课文中叙述了母亲一生中众多琐屑的"小事"，要理解这些"小事"为展现母亲平凡而伟岸的形象起了什么作用；进而理解母亲具有东方旧式女性的哪些典型品德。仔细体会作者于行文中自然流露出来的敬爱、赞美、伤感、愧疚等复杂感情。与作者其他作品追求口语化不同，本文语言质朴凝练，书面气重，营造了一种庄重深沉的氛围，与全文的整体情调契合协调，要注意体会。此外，在写法上吸收了小说重视细节真实的特点，使文章更为亲切感人。

罗曼·加里的《我的母亲》通过记叙母亲一生中的若干片段，把母亲的伟大、崇高和母子间的骨肉亲情表现得淋漓尽致。阅读这篇文章，要注意把握西方女性的民族特征——张扬的个性，不仅在物质生活上关爱儿子，更注重意志品质、爱国情操、树立自信心方面的培养。文章开篇就推出母亲的特写镜头，将母爱的独特表现形式展示无遗；结尾又取小说写法，给人以情理之中、意料之外的心理震撼。这种戏剧效果，也是本文的一个特色。

我的母亲[1]

老　舍

母亲的娘家是北平德胜门外，土城儿外边，通大钟寺的大路上的一个小村里。村里一共有四五家人家，都姓马。大家都种点不十分肥美的地，但是与我同辈的兄弟们，也有当兵的，作木匠的，作泥水匠的，和当巡警的。他们虽然是农家，却养不起牛马，人手不够的时候，妇女便也须下地作活。

对于姥姥家，我只知道上述的一点。外公外婆是什么样子，我就不知道了，因为他们早已去世。至于更远的族系与家史，就更不晓得了；穷人只能顾眼前的衣食，没有功夫谈论什么过去的光荣；"家谱"这字眼，我在幼年就根本没有听说过。

母亲生在农家，所以勤俭诚实，身体也好。这一点事实却极重要，因为假若我没有这样的一位母亲，我以为我恐怕也就要大大的打个折扣了。

母亲出嫁大概是很早，因为我的大姐现在已是六十多岁的老太婆，而我的大外甥女还长我一岁啊。我有三个哥哥，四个姐姐，但能长大成人的，只有大姐，二姐，三哥与我。我是"老"儿子。生我的时候，母亲已有四十一岁，大姐二姐已都出了阁。

由大姐与二姐所嫁人的家庭来推断，在我生下之前，我的家里，大概还马马虎虎的过得去。那时候订婚讲究门当户对，而大姐丈是作小官的，二姐丈也开过一间酒馆，他们都是相当体面的人。

可是，我，我给家庭带来了不幸：我生下来，母亲晕过去半夜，才睁眼看见她的老儿子——感谢大姐，把我揣在怀里，致未冻死。

兄不到十岁，三姐十二、三岁，我才一岁半，全仗母亲独立抚养了。父亲的寡姐跟我们一块儿住，她吸鸦片，她喜摸纸牌[2]，她的脾气极坏。为我们的衣食，母亲要给人家洗衣服，缝补或裁缝衣裳。在我的记忆中，她的手终年是嫩红微肿的。白天，她洗衣服，洗一两大绿瓦盆。她作事永远丝毫也不敷衍，就是屠户们送来的黑如铁的布袜，她也给洗得雪白。晚间，她与三姐抱着一盏油灯，还要缝补衣服，一直到半夜。她终年没有休息，可是在忙碌中她还把院子屋中收拾得清清爽爽。桌椅都是旧的，柜门铜活[3]久已残缺不全，可是她的手老使破桌面上没有尘土，残破的铜活发着光。院中，父亲遗留下的几盆石榴与夹竹桃，永远会得到应有的浇灌与爱护，年年夏天开许多花。

哥哥似乎没有同我玩耍过。有时候，他去读书；有时候，他去学徒；有时候，他也去卖花生或樱桃之类的小东西。母亲含着泪把他送走，不到两天，又含着泪接他回来。我不明白这都是什么事，而只觉得与他很生疏。与母亲相依如命的是我与三姐。因此，他们作事，我老在后面跟着。他们浇花，我也张罗着取水；他们扫地，我就撮土……从这里，我学得了爱花，爱清洁，守秩序。这些习惯至今还被我保存着。

有客人来，无论手中怎么窘[4]，母亲也要设法弄一点东西去款待。舅父与表哥们往往是自己掏钱买酒肉食，这使她脸上羞得飞红，可是殷勤地给他们温酒作面，又给她一些喜悦。遇上亲友家中有喜丧事，母亲必把大褂洗得干干净净，亲自去贺吊[5]——份礼[6]也许只是两吊小钱。到如今我的好客的习性，还未全改，尽管生活是这么清苦，因为自幼儿看惯了的事情是不易于改掉的。

姑母常闹脾气。她单在鸡蛋里找骨头。她是我家中的阎王。直到我入了中学，她才死去，我可是没有看见母亲反抗过。"没受过婆婆的气，还不受大姑子的吗？命当如此!"母亲在非解释一下不足以平服别人的时候,才这样说。是的,命当如此。母亲活到老,穷到老,辛苦到老,全是命当如此。她最会吃亏。给亲友邻居帮忙,她总跑在前面:她会给婴儿洗三[7]——穷朋友们可以因此少花一笔"请姥姥"钱——她会刮痧,她会给孩子们剃头,她会给少妇们绞脸[8]……凡是她能作的,都有求必应。但是吵嘴打架,永远没有她。她宁吃亏,不逗气。当姑母死去的时候,母亲似乎把一世的委屈都哭了出来,一直哭到坟地。不知道哪里来的一位侄子,声称有继承权,母亲便一声不响,教他搬走那些破桌子烂板凳,而且把姑母养的一只肥母鸡也送给他。

可是,母亲并不软弱。母亲死在庚子闹"拳"的那一年[9]。联军[10]入城,挨家搜索财物鸡鸭,我们被搜过两次。母亲拉着哥哥与三姐坐在墙根,等着"鬼子"进门,街门是开着的。"鬼子"进门,一刺刀先把老黄狗刺死,而后入室搜索。他们走后,母亲把破衣箱搬起,才发现了我。假若箱子不空,我早就被压死了。皇上跑了,丈夫死了,鬼子来了,满城是血光火焰,可是母亲不怕,她要在刺刀下,饥荒中,保护着儿女。北平有多少变乱啊,有时候兵变了,街市整条的烧起,火团落在我们的院中。有时候内战了,城门紧闭,铺店关门,昼夜响着枪炮。这惊恐,这紧张,再加上一家饮食的筹划,儿女安全的顾虑,岂是一个软弱的老寡妇所能受得起的?可是,在这种时候,母亲的心横起来,她不慌不哭,要从无办法中想出办法来。她的泪会往心中落!这点软而硬的个性,也传给了我。我对一切人与事,都取和平的态度,把吃亏看作当然的。但是,在作人上,我有一定的宗旨与基本的法则,什么事都可以将就,而不能超过自己画好的界限。我怕见生人,怕办杂事,怕出头露面;但是到了非我去不可的时候,我便不敢不去,正像我的母亲。从私塾到小学,到中学,我经历过起码有二十位教师吧,其中有给我很大影响的,也有毫无影响的,但是我的真正的教师,把性格传给我的,是我的母亲。母亲并不识字,她给我的是生命的教育。

当我在小学毕了业的时候,亲友一致的愿意我去学手艺,好帮助母亲。我晓得我应当去找饭吃,以减轻母亲的勤劳困苦。可是,我也愿意升学。我偷偷的考入了师范学校——制服、饭食、书籍、宿处,都由学校供给。只有这样,我才敢对母亲说升学的话。入学,要交十圆的保证金。这是一笔巨款!母亲作了半个月的难,把这巨款筹到,而后含泪把我送出门去。她不辞劳苦,只要儿子有出息。当我由师范毕业,而被派为小学校校长,母亲与我都一夜不曾合眼。我只说了句:"以后,您可以歇一歇了!"她的回答只有一串串的眼泪。我入学之后,三姐结了婚。母亲对儿女是都一样疼爱的,但是假若她也有点偏爱的话,她应当偏爱三姐,因为自父亲死后,家中一切的事情都是母亲和三姐共同撑持的。三姐是母亲的右手。但是母亲知道这右手必须割去,她不能为自己的便利而耽误了女儿的青春。当花轿来到我们的破门外的时候,母亲的手就和冰一样的凉,脸上没有血色——那是阴历四月,天气很暖。大家都怕她晕过去。可是,她挣扎着,咬着嘴唇,手扶着门框,看花轿徐徐的走去。不久,姑母死了。三姐已出嫁，哥哥不在家，我又住学校，家中只剩母亲自己。她还须自晓至晚的操作，可是终日没人和她说一句话。新年到了，正赶上政府倡用阳历，不许过旧年。除夕，我请了两小时的假。由拥挤不堪的街市回到清炉冷灶的家中。母亲笑了。及至听说我还须回校，她愣住了。半天，她才叹出一口气来。到我该走的时候，她递给我一些花生，"去吧，小子！"街上是那么热闹，我却什么也没看见，泪遮迷了我的眼。今天，泪又遮住了我的眼，又想起当日孤独的过那凄惨的除夕的慈母。可是慈母不会再候盼着我了，她已入了土！

儿女的生命是不依顺着父母所设下的轨道一直前进的，所以老人总免不了伤心。我二十三岁，母亲要我结了婚，我不要。我请来三姐给我说情，老母含泪点了头。我爱母亲，但是我给了她最大的打击。时代使我成为逆子。二十七岁，我上了英国。为了自己，我给六十多岁的老母以第二次打击。在她七十大寿的那一天，我还远在异域。那天，据姐姐们后来告诉我，老太太只喝了两口酒，很早的便睡下。她想念她的幼子，而不便说出来。

七七抗战后，我由济南逃出来。北平又像庚子那年似的被鬼子占据了。可是母亲日夜惦念的幼子却跑西南来。母亲怎样想念我，我可以想象得到，可是我不能回去。每逢接到家信，我总不敢马上拆看，我怕，怕，怕，怕有那不祥的消息。人，即使活到八九十岁，有母亲便可以多少还有点孩子气。失了慈母便像花插在瓶子里，虽然还有色有香，却失去了根。有母亲的人，心里是安定的。我怕，怕，怕家信中带来不好的消息，告诉我已是失了根的花草。

去年一年，我在家信中找不到关于母亲的起居情况。我疑虑，害怕。我想象得到，若不是不幸，家中念我流亡孤苦，或不忍相告。母亲的生日是在九月，我在八月半写去祝寿的信，算计着会在寿日之前到达。信中嘱咐千万把寿日的详情写来，使我不再疑虑。十二月二十六日，由文化劳军的大会上回来，我接到家信。我不敢拆读。就寝前，我拆开信，母亲已去世一年了！

生命是母亲给我的。我之能长大成人，是母亲的血汗灌养的。我之能成为一个不十分坏的人，是母亲感化的。我的性格，习惯，是母亲传给的。她一世未曾享过一天福，临死还吃的是粗粮。唉！还说什么呢？心痛！心痛！

课文注释

1. 选自《老舍散文精编》（人民文学出版社，1994 年版）。文字略有改动。

2. 纸牌：牌类娱乐用具，用硬纸制成，上面印着各种点子或文字，种类很多。

3. 铜活：指器物上铜制的物件。

4. 窘：因穷困而感到为难。

5. 贺吊：贺喜或吊丧。

6. 份礼：俗称份子，指用于送礼的现金。

7. 洗三：旧俗在婴儿出生后第三天给他洗澡。

8. 刮痧：我国民间流传的简易治疗方法，一般用光边瓷器蘸香油刮颈项、胸背、肋间等处，刮至皮肤呈红赤色，可治中暑等症。

9. 绞脸：旧时妇女用绞在一起的细线一张一合去掉脸上的汗毛。

10. 庚子闹"拳"的那一年：指 1900 年发生的我国人民反帝爱国的义和团运动。庚子，1900 年为我国农历庚子年。义和团，始称义和拳。

11. 联军：指 1900 年英、美、德、法、俄、日、意、奥八个帝国主义国家的侵华联军。

我的母亲

[法国] 罗曼·加里[1]

一

战斗打响的那一天，我母亲坐着出租汽车走了五个小时，来向我告别，并用她的话祝愿我"空中百战百胜"。当时我正在法国南部的沙龙·戴省的空军学院任射击教导员。

母亲在聚集一起的军人们的好奇目光下，拄着手杖，叼着香烟，从那个扁鼻子的老式雷诺尔车里走出来。

我慢慢走向母亲，在这个男子汉的圈子中，母亲的突然来临使我很窘；而在这块天地里，我经过千辛万苦才赢得了勇敢、甚至鲁莽、爱冒险的名声。母亲用一种大得足以使在场每个人都听得见的嗓音宣布：

"你将成为第二个盖纳梅[2]。你的母亲一贯正确！"

我听到了身后传来的哄堂大笑。母亲抓起手杖，对着大笑的人群作了一个威胁的手势，又发出一个鼓舞人心的预言：

"你会成为一名伟大的英雄，勇敢的将军，法兰西共和国的大使！这群乌合之众不认识你。"

当我用愤怒的耳语告诉她，她正在损坏我在空军士兵中的声誉时，她的嘴唇开始颤抖，目光里露出了自尊心受了刺伤的样子。"你还为你的老母亲害臊吗！"她说。

这一招算灵了：我好不容易装出的铁石心肠的外表被击破了。我用胳膊搂住她的肩膀，紧紧地抱着她，再也听不见身后的笑声了。在母亲对孩子耳边的喃喃细语中，在她预示着未来的胜利、伟大的功绩、正义和爱开始降临时，我们俩又回到了一种我们自己的神奇的世界中。我满怀信心地抬起头，望着天空——如此空荡，如此宽阔的蓝天啊，足以让我在这里建立丰功伟绩。我想到了当我凯旋母亲身边的那一天。我盼望着那一天，这将给她那十几年含辛茹苦、自我牺牲的生活带来何等重要的意义，何等大的安慰啊。

二

那年我刚 13 岁，和母亲住在法国东南部的耐斯城。每天早上我去上学，妈妈一人留在旅馆里。她在那儿租了一个售货柜，柜架子上摆着从附近的几个大商店借来的一些奢侈品和日常用品。她从每一件卖出的围巾、皮带、指甲刀或毛线衫中得到百分之十的佣金。白天，除了在我回家吃午饭时她休息两个小时，其余时间她都守在售货柜前，时刻注意找寻可能光临的顾客。我们母子俩就靠着这个赚钱不多、朝不保夕的小生意过日子。

母亲孤零零地居住在法国，没有丈夫，也没有朋友、亲戚。十多年来，她顽强地不停地干活，挣来钱买面包、黄油，付房租，交学费，买衣服和鞋帽等。除此之外，她每天都能拿出点令人吃惊的东西。例如：午饭时，她面带幸福、自豪的微笑，把一盘牛排摆在我面前，好像这盘肉象征着她战胜恶运的胜利。

她从来不吃这些肉，一再说自己是素食者，不能吃动物脂肪。然而有一天，我离开饭桌到厨房里找点水喝，发现母亲坐在凳子上，煎肉锅放在腿上，正仔细地用小块碎面包擦那给我煎牛排用的油锅。发现我时，她急忙将锅藏在餐巾底下，可是已经来不及了——现在我明白了她成为素食者的真正原因。

三

母亲渴望我"成为一个某某大人物"。尽管我屡遭失败，她总是相信我会成功的。"在学校里的情况如何？"她有时问我。

"数学得了零分。"

母亲总是停顿一会儿。

"你的老师不了解你，"她坚决地说，"将来有一天他们会后悔的。你的名字将要用金字刻在他们那个鬼学校的墙上的，这一天会来到的。明天我就去学校，把这些话告诉他们。我还要给他们读读你最近写的几首诗。你将来会成为达农佐尔[3]，成为维克多·雨果[4]。他们根本不了解你！"

母亲干完活儿回来后，常常坐在椅子上，点上烟，两腿交叉着，脸上挂着会意的微笑望着我。然后她的目光越过我的肩膀，望向远方，憧憬着某种神秘美好的前景，而这个前景她只在充满美的奇妙世界里才能看到。

"你会成为一名法国大使。"她说，更准确点，她深信不疑地声明。我一点也不明白这句话是什么意思。

"行啊。"我漫不经心地说。

"你还会有小汽车。"

母亲常常空着肚子，在结冰的气温下步行回家。

"但是目前还要忍耐。"她说。

四

我16岁时，母亲成了耐斯市美尔蒙旅馆兼膳宿公寓的女经理。她每天早上六点起床，喝一杯茶后，拿着手杖，到布筏市场购货。她总是拎一包水果和鲜花回来，然后走进厨房，取出菜谱，会见商人，检查酒窖，算账，照应生意中的每一件细微小事。

从楼上的餐厅到楼下的厨房，她一天至少要上下二十趟。一天，她刚爬完这些可咒的楼梯就瘫在椅子上了，脸色苍白，嘴唇发灰。我们很幸运，马上就找来了医生。医生做出了诊断：她摄取了过多的胰岛素。直到这时我才知道母亲多年来一直对我隐瞒着的疾病——糖尿病。每天早上开始一天工作之前，她先给自己注射一剂胰岛素。

我完全惊呆了，吓呆了。我永远忘不了她那苍白的面容，她的头疲劳地歪向一边，她痛苦地用手抓挠胸口。

她期待我成功，而在我实现她的期待之前，她可能会死了，她可能没来得及享受正义和儿子的爱就离开人间，这念头对我来说太荒唐了，荒唐得像是否定了人间最基本的常识。

只有对我的美好前途的憧憬支撑着她活下去。为了给她那荒唐的美梦至少加一点真实的色彩，我只能含羞忍辱，继续与时间竞争。

1938年我被征入空军。宣战的那天，母亲乘着雷诺尔车来向我告别。那天她依着手杖，庄严地检阅了我们的空军武器装备。"所有飞机都有露天的飞机座舱，"母亲注意到，"记住，你的嗓子很娇气。"

我忍不住告诉她，如果卢浮瓦佛飞机只使我嗓子痛的话，我该庆幸自己的好运气。她笑了，高傲地、几乎嘲讽地望了我一眼。"灾祸不会降临在你头上的。"她完全平静地告诉我。

她显出了信心十足的样子，似乎早就知道了这些，好像她已经和命运女神签订好了合同，好像为了补偿她那历尽辛苦的生活，她已经得到了一定的保证，一定的许诺。

"是的，不会降在我头上的，妈妈。我答应您不会的。"

她犹豫了一下，脸上显示出内心在进行着斗争。最后，她做出了点让步说："大概，你腿上会负点轻伤的。"

五

德国进攻的前几个星期，我接到一封电报说："母病重！速返！"

第二天，很早我就到达了耐斯市，找到了圣·安东尼门诊所。母亲的头深深地陷在枕头里，消瘦深陷的脸颊上带着一丝痛苦、忧虑的表情。床头柜上架着一个1932年我赢得耐斯市乒乓球冠军时得的银质奖章。

"你身边需要一个女人。"她说。

"所有的男人都需要。"

"是的，"她说，"但是，对你来说，没有女人照料，你会比别人生活得更糟糕。唉，这都是我的过错。"我们一起玩牌的时候，她不时地目光专注地盯着我，脸上还带着一丝狡黠的样子。我知道她又要编造点新花样了。但是，我不去猜想她心里想着什么。我确信一个小花样正在她脑子里酝酿。

我的假期要结束了。我真不知道如何描绘我们分别时的情景。我们俩都没讲话，但是我装出了一副笑脸，不再哭泣了，或说些别的话。

"好啦，再见吧。"我微笑着亲吻了母亲。只有她才清楚，我做了多大努力才做出了这个微笑。因为，和我一样，她也在微笑。

"不要为我担心，我已经是一匹老战马了，一直支撑着活到今天，还能再继续一段时间。摘下你的帽子。"

我摘下了帽子，她用手指在我前额上画了一个十字，"说："我给了你我对你的祝福。"

我走向门口，又转过身来。我们互相望了许久，都在微笑，都没说话。我觉得很平静。她的勇气传给了我，并且从那时起一直就在我身上，甚至到现在。

六

巴黎失陷后，我被派到英国皇家空军。刚到英国就接到了母亲的信。这些信是由在瑞士的一个朋友秘密地转到伦敦，送到我手中的，封皮写着："由戴高乐将军转交"。

直到胜利前夕，这些无日期的信好像无休无止一直忠实地跟随着我转战各国，源源不断地送到我手里。三年多来，母亲说话的气息通过信纸传到我身上，我被一种比我自身强得多的意志控制着，支撑着——这是一根空间生命线，她用一颗比我自己更勇敢的心灵把她的勇气输入我的血液。

"我光荣、可爱的儿子，"母亲这样写道，"我们怀着无比爱慕和感激的心情，在报纸上读到了你的英雄事迹。在科隆、汉堡、不来梅的上空，你展开的双翅将使敌人丧魂落魄。"

我一下子就猜到她心里在想着什么——每当英国皇家空军袭击一个目标的时候，我一定在参战。她能从每一次的炮火轰鸣中听出我的声音。每次交战我都被派去，因为我的出现会使敌人心惊胆战，不战自溃。每次英国战斗机打下一架德国飞机，她都很自然地把这份功劳归于我。布筏市场周围的小巷中传颂着我的功绩。毕竟她了解我，知道我得过1932年耐斯市乒乓球冠军。

她的信越来越简短了，尽是用铅笔匆忙写出的。有时，一次来四五封。她说她身体很好，还在定时打胰岛素。"我的光荣的儿子，我为你感到自豪……法兰西万岁！"信中从未露出丝毫忧虑不安的痕迹，但是最近的几封信流露出一种新的悲伤的调子："亲爱的孩子，我请求你不要过多地挂念我，不要为我而变得胆怯。要勇敢。记住，你不再需要我了，你现在已经是一个堂堂的男子汉了，你能够独立生活了。早点结婚。不要过多地怀念我。我身体很好，老罗沙诺夫医生对我很满意。他让我向你问好。要坚强。我请求你，勇敢点。你的母亲。"

我心情很沉重，感到有点不对劲，可是信中没有说出了什么事。管他呢。我真正疑心的只有一件事：她还活在世上，我还能见到她。我要与时间竞争，早日把荣誉带到她的身边，这个愿望在我心中一天比一天更强烈了。

同盟军[5]在欧洲大陆登陆时，我从家乡寄来的信中感到一种快乐安宁的情绪，似乎母亲已经知道胜利即将来临。信中流露出一种特别的温情，还时常夹杂了一些我不能理解的歉意。

"我亲爱的儿子，我们已经分离了这么多年了，我希望你已经习惯身边没有我这个老母亲了。话说回来，我毕竟不能永远活在世上。记住，我对你从未有过丝毫的怀疑。我希望你回家明白这一切之后，能原谅我。我不得不这样做。"

她做了什么事需要我的宽恕？我绞尽脑筋也想不出来。

巴黎快解放了，我准备坐飞机在法国南部跳伞，去执行一项与秘密抵抗组织联络的任务。我一路匆匆忙忙，急躁得浑身热血沸腾。除了想早点回到母亲身边，其他我什么都不想了。

现在我要回家了，胸前佩着醒目的绿黑两色的解放十字绶带，上面挂着战争十字勋章和五六枚我终生难忘的勋章，我的黑色战服的肩上还佩戴着军官肩章，帽子斜向一边戴着。由于我面部麻痹，脸上露出一种异常的刚毅。我写了一部小说，挎包里装着法文和英文版本。这时候，我深深陶醉在希望、青春和确信中。

对我来说，再往下继续我的回忆是异常痛惜的。因此，我要尽快结束它。到达旅馆时，我发现没有一个人问候我，跟我打招呼。我询问的那些人说他们隐隐约约记得几年前有一个古怪的俄国老太太管理这个旅馆。但是他们从来没有见到过她。原来，我母亲在三年零六个月前就已经离开人间了。但是她知道我需要她，如果没有她在这儿给我勇气，我绝对不能独立生存下去，不能像一个法国人那样勇敢战斗。因此，她临死前订出了她的计划。

在她死前的几天中，她写了近二百五十封信，把这些信交给她在瑞士的朋友，请这个朋友定时寄给我。当我们在圣·安东尼门诊所最后一次见面时，我看到她眼中闪着天真狡黠的目光。毫无疑问，这些信就是她当时算计的新花样。

就这样，在母亲死后的三年半的时间里，我一直从她身上吸取着力量和勇气——

这些是我能够继续战斗到胜利那一天所需要的力量和勇气。

课文注释

1. 罗曼·加里（1914—1980）：法国作家。

2. 盖纳梅（1902—1949）：法国优秀航空邮运飞行员，横越南大西洋先驱者之一。1938 年他完成了第一个商业性的横越北大西洋的壮举。

3. 达农佐尔（1863—1938）：意大利作家。

4. 维克多·雨果（1802—1885）：法国作家。

5. 同盟军：第二次世界大战期间，参加对德、意、日轴心国作战的国家为同盟国，含中、苏、美、英、法等国。这里指美、英两国的军队。

课后练习

一、通读这两篇同题散文，比较它们在以下几方面的不同。

1. 从东西方文化差异的角度，比较两位母亲性格、行为、气质上的异同。

2. 作为儿子的两位作者，在行文中对母亲的感受与表达方式上有何异同？

3. 在展示两位母亲同样伟大的爱的时候，两篇文章在材料的选择、安排方面有何不同？

二、两篇散文都不同程度地吸收了小说的写法，举例说说这样写造成了怎样的艺术效果。

三、两篇散文在语言上各有什么特点？

二、胡同文化[1]

汪曾祺

阅读提示

这篇散文介绍了北京的胡同和胡同文化。阅读时要注意思考：北京的胡同与城建格局有什么关系？它有哪些特点？生活在胡同里的老北京人有着怎样的处世哲学？作者对胡同和胡同文化的未来怀有怎样的心态？

本文语言质朴、雅致，既有北京的地方特点，又不过于地方化，读来感觉清新自如，极富韵味。

北京城像一块大豆腐，四方四正。城里有大街，有胡同。大街、胡同都是正南正北，正东正西。北京人的方位意识极强。过去拉洋车的，逢转弯处都高叫一声"东去！""西去！"以防碰着行人。老两口睡觉，老太太嫌老头子挤着她了，说"你往南边去一点"。这是外地少有的。街道如是斜的，就特别标明是斜街，如烟袋斜街、杨梅竹斜街。大街、胡同，把北京切成一个又一个方块。这种方正不但影响了北京人的生活，也影响了北京人的思想。

胡同原是蒙古语，据说原意是水井，未知确否。胡同的取名，有各种来源。有的是计数的，如东单三条、东四十条。有的原是皇家储存物件的地方，如皮库胡同、惜薪司胡同（存放柴炭的地方），有的是这条胡同里曾住过一个有名的人物，如无量大人胡同、石老娘（老娘是接生婆）胡同。大雅宝胡同原名大哑巴胡同，大概胡同里曾住过一个哑巴。王皮胡同是因为有一个姓王的皮匠。王广福胡同原名王寡妇胡同。有的是某种行业集中的地方。手帕胡同大概是卖手帕的。羊肉胡同当初想必是卖羊肉的，有的胡同是像其形状的。高义伯胡同原名狗尾巴胡同。小羊宜宾胡同原名羊尾巴胡同。大概是因为这两条胡同的样子有点像羊尾巴、狗尾巴。有些胡同则不知道何所取义，如大绿纱帽胡同。

胡同有的很宽阔，如东总布胡同、铁狮子胡同。这些胡同两边大都是"宅门"，到现在房屋都还挺整齐。有些胡同很小，如耳朵眼胡同。北京到底有多少胡同？北京人说：有名的胡同三千六，没名的胡同数不清，通常提起"胡同"，多指的是小胡同。

胡同是贯通大街的网络。它距离闹市很近，打个酱油，约[2]二斤鸡蛋什么的，很方便，但又似很远。这里没有车水马龙，总是安安静静的。偶尔有剃头挑子的"唤头"（像一个大镊子，用铁棒从当中擦过，便发出嗡的一声）、磨剪子磨刀的"惊闺"（十几个铁片穿成一串，摇动作声）、算命的盲人（现在早没有了）吹的短笛的声音。这些声音不但不显得喧闹，倒显得胡同里更加安静了。

胡同和四合院是一体。胡同两边是若干四合院连接起来的。胡同、四合院，是北京市民的居住方式，也是北京市民的文化形态。我们通常说北京的市民文化，就是指的胡同文化。胡同文化是北京文化的重要组成部分，即便不是最主要的部分。

胡同文化是一种封闭的文化。住在胡同里的居民大都安土重迁，不大愿意搬家。有在一个胡同里一住住几十年的，甚至有住了几辈子的。胡同里的房屋大都很旧了，"地根儿"房子就不太好，旧房檩，断砖墙。下雨天常是外面大下，屋里小下。一到下大雨，总可以听到房塌的声音，那是胡同里的房子。但是他们舍不得"挪窝儿"，——"破家值万贯"。

四合院是一个盒子。北京人理想的住家是"独门独院"。北京人也很讲究"处街坊"。"远亲不如近邻"。"街坊里道"的，谁家有点事，婚丧嫁娶，都得"随"一点

"份子"，道个喜或道个恼，不这样就不合"礼数"。但是平常日子，过往不多，除了有的街坊是棋友，"杀"一盘；有的是酒友，到"大酒缸"（过去山西人开的酒铺，都没有桌子，在酒缸上放一块规成圆形的厚板以代酒桌）喝两"个"（大酒缸二两一杯，叫做"一个"）；或是鸟友，不约而同，各晃着鸟笼，到天坛城根、玉渊潭去"会鸟"（会鸟是把鸟笼挂在一处，既可让鸟互相学叫，也互相比赛），此外，"各人自扫门前雪，休管他人瓦上霜"。

北京人易于满足，他们对生活的物质要求不高。有窝头，就知足了。大腌萝卜，就不错。小酱萝卜，那还有什么说的。臭豆腐滴几滴香油，可以待姑奶奶。虾米皮熬白菜，嘿！我认识一个在国子监³当过差，伺候过陆润库、王土序等祭酒⁴的老人，他说："哪儿也比不了北京。北京的熬白菜也比别处好吃，——五味⁵神在北京"。五味神是什么神？我至今考查不出来。但是北京人的大白菜文化却是可以理解的。北京人每个人一辈子吃的大白菜摞起来大概有北海白塔那么高。

北京人爱瞧热闹，但是不爱管闲事。他们总是置身事外，冷眼旁观。北京是民主运动的策源地，"民国"以来，常有学生运动。北京人管学生运动叫做"闹学生"。学生示威游行，叫做"过学生"。与他们无关。

北京胡同文化的精义是"忍"，安分守己、逆来顺受。老舍《茶馆》里的王利发说"我当了一辈子的顺民"，是大部分北京市民的心态。

我的小说《八月骄阳》里写到"文化大革命"，有这样一段对话：

"还有个章法没有？我可是当了一辈子安善良民，从来奉公守法。这会儿，全乱了。我这眼面前就跟'下黄土'似的，简直的，分不清东西南北了。"

"您多余操这份儿心。粮店还卖不卖棒子面？"

"卖！"

"还是的。有棒子面就行。……"

我们楼里有个小伙子，为一点事，打了开电梯的小姑娘一个嘴巴。我们都很生气，怎么可以打一个女孩子呢！我跟两个上了岁数的老北京（他们是"搬迁户"，原来是住在胡同里的）说，大家应该主持正义，让小伙子当众向小姑娘认错，这二位同志说："叫他认错？门儿也没有！忍着吧！——'穷忍着，富耐着，睡不着眯着'！""睡不着眯着"这话实在太精彩了！睡不着，别烦躁，别起急，眯着，北京人，真有你的！

北京的胡同在衰败，没落。除了少数"宅门"还在那里挺着，大部分民居的房屋都已经很残破，有的地基柱础甚至已经下沉，只有多半截还露在地面上。有些四合院门外还保存已失原形的拴马桩、上马石，记录着失去的荣华。有打不上水来的井眼、磨圆了棱角的石头棋盘，供人凭吊。西风残照，衰草离披，满目荒凉，毫无生气。

看看这些胡同的照片，不禁使人产生怀旧情绪，甚至有些伤感。但是这是无可奈何的事。在商品经济大潮的席卷之下，胡同和胡同文化总有一天会消失的。也许像西安的虾蟆陵，南京的乌衣巷，还会保留一两个名目，使人怅望低徊。

再见吧，胡同。

一九九三年三月十五日

课文注释

1. 选自《汪曾祺散文选集》（百花文艺出版社，1996 年版）。本文是作者为摄影艺术集《胡同之没》写的序。汪曾祺（1920—1997），江苏高邮人，作家，代表作有小说《受戒》、《大淖记事》等。

2. 约（yāo）：称重量。

3. 国子监（jiàn）：我国封建时代的教育管理机关和最高学府。隋、唐、宋、元、明、清，称国子监。晋称国子学，北齐称国子寺。清末改革学制，自光绪三十一年起设学部，国子监并入学部。

4. 祭酒：学官名。汉代有博士祭酒，为博士之首。西晋改设国子祭酒。隋唐以后称国子监祭酒，为国子监的主管官。陆润库、王土库等曾任国子监祭酒。

5. 五味：指酸、甜、苦、辣、咸五种味道。

课后练习

一、简答下列问题，梳理课文思路。

1. 北京的城建格局有什么特点？胡同在其中起什么作用？

2. 本文介绍了有关北京胡同的哪些内容？

3. 住在胡同里的北京人思想状况和生活习惯有什么特点？

4. 对于北京胡同的衰败与没落，作者怀有怎样的感情？

二、你所在城市的街巷有什么值得记述的内容？请你或到图书馆翻阅书刊，或上互联网查询资料，或走访老住户调查研究，然后整理出一份材料，与同学们交流。

三、生命的化妆[1]

林清玄

阅读提示

本文取材于生活中一个最常见的话题，作者先从自己对化妆的错误认识谈起，引发了下文与化妆师之间的巧妙问答。化妆师通过自己多年的实践与思考，智慧地阐述了自己对化妆的理解：即化妆的最高境界是无妆。文章很好地运用了类比的写法，将化妆的几种境界与文学创作进行类比，从而使全文主题一步一步凸现，让读者清楚地明白了化妆的内涵。

全文没有华丽的辞藻，读来给人一种流水样清凉的感受，却让我们的心灵为之震撼，并真切地想让我们的生命也变得像化妆师手下的人一样靓丽起来！文中有一些富于哲理性的语句，阅读时要注意理解。

我认识一位化妆师。她是真正懂得化妆，而又以化妆闻名的。

对于这生活在与我完全不同领域的人，使我增添了几分好奇，因为在我的印象里，化妆再有学问，也只是在皮相上用功，实在不是有智慧的人所应追求的。

因此，我实在忍不住问她："你研究化妆这么多年，到底什么样的人才算会化妆？化妆的最高境界到底是什么？"

对于这样的问题，这位年华已逐渐老去的化妆师露出一个深深的微笑。她说："化妆的最高境界可以用两个字形容，就是'自然'，最高明的化妆术，是经过非常考究的化妆，让人家看起来好像没有化过妆一样，并且这化出来的妆与主人的身分匹配，能自然表现那个人的个性与气质。次级的化妆是把人突显出来，让她醒目，引起众人的注意。拙劣的化妆是一站出来别人就发现她化了很浓的妆，而这层妆是为了掩盖自己的缺点或年龄的。最坏的一种化妆，是化过妆以后扭曲了自己的个性，又失去了五官的协调，例如小眼睛的人竟化了浓眉，大脸蛋的人竟化了白脸，阔嘴的人竟化了红唇……"没有想到，化妆的最高境界竟是无妆，竟是自然，这可使我刮目相看了。

化妆师看我听得出神，继续说："这不就像你们写文章一样？拙劣的文章常常是词句的堆砌，扭曲了作者的个性。好一点的文章是光芒四射，吸引了人的视线，但别人知道你是在写文章。最好的文章，是作家自然的流露，他不堆砌，读的时候不觉得是在读文章，而是在读一个生命。"

多么有智慧的人呀！可是，"到底做化妆的人只是在表皮上做功夫！"我感叹地说。

　　"不对的，"化妆师说："化妆只是最末的一个枝节，它能改变的事实很少。深一层的化妆是改变体质，让一个人改变生活方式、睡眠充足、注意运动与营养，这样她的皮肤改善、精神充足，比化妆有效得多。再深一层的化妆是改变气质，多读书、多欣赏艺术、多思考、对生活乐观、对生命有信心、心地善良、关怀别人、自爱而有尊严，这样的人就是不化妆也丑不到哪里去，脸上的化妆只是化妆最后的一件小事。我用三句简单的话来说明，三流的化妆是脸上的化妆，二流的化妆是精神的化妆，一流的化妆是生命的化妆。"

　　化妆师接着做了这样的结论："你们写文章的人不也是化妆师吗？三流的文章是文字的化妆，二流的文章是精神的化妆，一流的文章是生命的化妆。这样，你懂化妆了吗？"我为了这位女性化妆师的智慧而起立向她致敬，深为我最初对化妆师的观点感到惭愧。

　　告别了化妆师，回家的路上我走在夜黑的地表，有了这样的深刻体悟：这个世界一切的表相都不是独立自存的，一定有它深刻的内在意义，那么，改变表相最好的方法，不是在表相下功夫，一定要从内在里改革。

　　可惜，在表相上用功的人往往不明白这个道理。

课文注释

　　1. 林清玄，台湾高雄人，1953 年生，毕业于台湾世界新闻专科学校，曾任台湾《中国时报》海外记者、《工商时报》经济记者、《时装杂志》主编等职。1973 年开始散文创作，笔名秦情、淋漓、林大悲等。作品有散文集《莲花开落》、《冷月钟笛》、《鸳鸯春炉》等。

课后练习

　　一、简答下列问题，体会文中作者思想感情的变化。

　　1. 文章开篇，作者在与化妆师探讨有关化妆的问题之前，就先表明了自己对化妆一事的看法和态度，读读有关语句，概括作者对化妆的看法和态度是怎样的。

　　2. 在第一次聆听了化妆师阐述对化妆的理解后，作者对化妆的认识有了明显的改变，你发现了吗？但作者还是感叹地说："到底做化妆的人只是在表皮上做功夫！"他为什么会有这样的感叹呢？

　　3. 当化妆师用简单的三句话说明了对化妆的深层理解后，作者有怎样的反应？此时，他对化妆有了怎样的感悟？

二、回答下面问题，进一步理解文章内容。

1. 化妆师在文中将化妆分为四种类型，三种境界，试着用自己的话概括出这四种类型、三种境界。

2. 文中两次将文章比作化妆，你认为这样比贴切吗？这两者有什么相通的地方呢？

三、文中"写文章的人如同化妆师"，请你再做一个比喻，说说写文章的人还像什么，并简要说明理由。

第二单元　说明文

四、看看我们的地球[1]

李四光

阅读提示

在人类近亿万年的发展历程中，地球是人类唯一赖以生存的家园。对脚下这块养育我们的土地，我们渴望了解的东西很多。本文从地球的基本组成部分说起，以地球的构成主体石圈为主要说明对象，介绍了石圈的位置、性质、形成以及与我们生活的关系，由此引发了如何了解清楚地球内部物质的结构和它们存在的状况，再进一步引出关于揭开有关地球起源之谜的思考。

文章以讲故事的口气多处设问，给人亲切自然之感。在语言方面，本文既具有说明文字准确严谨的特点，又通过综合运用多种说明方法，使语言显得生动形象，阅读时要仔细体会。

地球是围绕太阳旋转的九大行星之一，它是一个离太阳不太远也不太近的第三个行星。它的周围有一圈大气，这圈大气组成它的最外一层，就是气圈。在这层下面，就是有些地方是由岩石造成的大陆，大致占地球总面积的十分之三，也就是石圈的表面。其余的十分之七都是海洋，称为水圈。水圈的底下，也都是石圈。不过，在大海底下的这一部分石圈的岩石，它的性质和大陆上露出的岩石的性质一般是不同的。大海底下的岩石重一些、黑一些，大陆上的岩石比较轻一些，一般颜色也淡一些。

石圈不是由不同性质的岩石规规矩矩造成的圈子，而是在地球出生和它存在的几十亿年的过程中，发生了多次的翻动，原来埋在深处的岩石，翻到地面上来了。这样我们才能直接看到曾经埋在地下深处的岩石，也才能使我们能够想象到石圈深处的岩石是什么样子。

随着科学不断的发达，人类对自然界的了解是越来越广泛和深入了，可是到现在为止，我们的眼睛所能钻进石圈的深度，顶多也还不过十几公里。而地球的直径却有着12000多公里呢！就是说，假定地球像一个大皮球那么大，那么，我们的眼睛所能直接和间接看到的一层就只有一张纸那么厚。再深些的地方究竟是什么样子？我们有什么办法去侦察呢？有。这就是靠由地震的各种震波给我们传送来的消息。不过，通过地震波获得有关地下情况的消息，只能帮助我们了解地下的物质的大概样子，不能像我们在地表所看见的岩石那么清楚。

地球深处的物质，和我们现在生活上的关系较少。和我们关系最密切的，还是石圈的最上一层。我们的老祖宗曾经用石头来制造石斧、石刀、石钻、石箭等等从事劳动的工具。今天我们不再需要石器了，可是，我们现在种地或在工厂里、矿山里劳动所需的工具和日常需要的东西，仍然还要往石圈里要原料。随着人类的进步，向石圈索取这些原料的数量和种类是越来越多了，并且向石圈探查和开采这些原料的工具和技术，也越来越进步了。

最近几十年来，从石圈中不断地发现了各种具有新的用途的原料。比如能够分裂并大量发热的放射性矿物，如铀、钍等类，我们已经能够加以利用，例如用来开动机器、促进庄稼生长、治疗难治的疾病等等。将来，人们还要利用原子能来推动各种机器和一切交通运输工具，要它们驯服地为我们的社会主义和共产主义建设服务。

这样说来，石圈最上层能够给人类利用的各种好东西是不是永远采取不尽的呢？不是的。石圈上能够供给人类利用的各种矿物原料，正在一天天地少下去，而且总有一天要用完的。那么怎么办呢？一个办法，是往石圈下部更深的地方要原料，这就要靠现代地球物理探矿、地球化学探矿和各种新技术部门的工作者们共同努力。另一个办法，就是继续找寻和利用新的物质和动力的来源。热就是便于利用的动力能源。比如近代科学家们已经接触到了的许多方面，包括太阳能、地球内部的巨大热库和热核反应热量的利用，甚至于有可能在星际航行成功以后，在月亮和其他星球上开发可能利用的物质和能源等等。

关于太阳能和热核反应热量的利用，科学家们已经进行了较多的工作，也获得了初步的成就。对其他天体的探索研究，也进行了一系列的准备工作，并在最近几年中获得了一些重要的进展。有关利用地球内部热量的研究，虽然也早为科学家们注意，并且也已做了一些工作，但是到现在为止，还没有达到大规模利用地热的阶段。

人们早已知道，越往地球深处，温度越加增高，大约每下降33米，温度就升高1℃（应该指出，地球表面的热量主要是靠太阳送来的热）。就是说，地下的大量热量，正闲得发闷，焦急地盼望着人类及早利用它，让它也沾到一份为人类服务的光荣。

怎样才能达到这个目的呢？很明显，要靠现代数学、化学、物理学、天文学、地质学以及其他科学技术部门的共同努力。而在这一系列的努力中，一项重要而首先要解决的问题，就是要了解清楚地球内部物质的结构和它们存在的状况。

地球内部那么深,那么热,我们既然钻不进去,摸不着,看不见,也听不到,怎么能了解它呢?办法是有的。我们除了通过地球物理、地球化学等对地球的内部结构进行直接的探索研究以外,还可以通过各种间接的办法来对它进行研究。比如,我们可以发射火箭到其他天体去发生爆炸,通过远距离自动控制仪器的记录,可以得到有关那个天体内部结构的资料。有了这些资料,我们就可以进一步用比较研究的方法,了解地球内部的结构,从而为我们利用地球内部储存的大量热量提供可能。

在这些工作获得成就的同时,对现时仍然作为一个谜的有关地球起源的问题,也会逐渐得到解决。到现在为止,地球究竟是怎样来的,人们做了各种不同的猜测,各人有各人的说法,各人有各人的理由。在这许多的看法和说法中,主要的有下述两种:一种说,地球是从太阳分裂出来的,原先它是一团灼热的熔体,后来经过长期的冷缩,固结成了现今具有坚硬外壳的地球。直到现在,它里边还保存着原有的大量热量。这种热量也还在继续不断地慢慢变冷。另一种说法,地球是由小粒的灰尘逐渐聚合固结起来形成的,地球本身的热量,是由于组成地球的物质中有一部分放射性物质,它们不断分裂而放出大量热量的结果。随着这种放射性物质不断地分裂,地球的温度,在现时可能渐渐增高,但到那些放射性物质消耗到一定程度的时候,就会逐渐变冷下去。

少年朋友们,在这里看来,到底谁长谁短,就得等你们将来成长为科学家的时候,再提出比我们这一代科学家更高明的意见了。

课文注释

1. 选自《聆听科学——中国科普佳作百年选》(上海科技教育出版社,2001 年版)。李四光(1889—1971),著名地质科学家,曾担任地质部长、中国科学院副院长等职,为我国的地质、石油勘探和建设事业做出巨大贡献。

课后练习

一、认真阅读课文,按照下面要求准确筛选信息。

1. 阅读课文第一段,准确概括出地球的基本组成部分。

2. 阅读全文后,你能说出在地球的基本组成部分中,和我们生活关系最密切的是哪部分吗?请说明理由。

3. 课文中说,石圈最上层能够提供给人类的各种矿物原料有限,"而且总有一天要用完",作者认为应该怎样解决这个问题呢?

4. 作者认为,到目前为止,要想更充分地利用地热资源,让它造福于人类,最重要的问题是什么？

二、本文在说明事物的过程中，综合运用了多种说明方法，试说说下列句子中分别运用了什么说明方法，效果如何？

1. 比如能够分裂并大量发热的放射性矿物，如铀、钍等类，我们已经能够加以利用，例如用来开动机器、促进庄稼生长、治疗难治的疾病等。

2. 大约每下降 33 米，温度就会升高 1℃。

3. 可是到现在为止，我们的眼睛所能钻进石圈的深度，顶多也还不过十几公里。而地球的直径却有着一万二千多公里呢！

三、课文结尾部分在谈到有关地球起源的问题时，作者这样说："到现在为止，地球究竟是怎样来的，人们作了各种不同的猜测，各人有各人的说法，各人有各人的理由。"课文中主要介绍了两种说法，请你利用网络资源搜集有关地球起源的资料，在班里与同学交流，从而增强对我们的地球的了解。

五、未来的士兵[1]

朱苏进

阅读提示

这篇文章向我们介绍了科学技术领域的新发展。通过介绍未来士兵的性质，使我们了解到未来战争的发展趋势；通过预想未来士兵面临的尴尬处境，表现了作者深沉的思考力度。

一个仿佛是学术项目的名称正悄悄蔓延到世界各种军事刊物上：数字化部队。这名称听起来有些枯燥，有点暧昧[2]，同时又有些高深莫测，但它却是西方下个世纪新型"整体陆军概念"。其内涵，是以最先进的数字化装备，将战场与作战保障及战斗勤务结合为一个整体，将战略构想、军备军训条令条例与每个士兵结合为一个整体，将战斗部队、预备役部队与社会民众结合为一个整体。现在让我们绕过那些铺天盖地的装备，直接观察一下数字化部队最基本分子——士兵，直接体味一下他的处境与心理，也许能够感受到某些未来战争新奇品格。

未来士兵的性质是一个综合作战平台，而不再是传统意义上的单兵。他配属的数字化装备大致有 5 种：

1. 综合头盔。包括抗弹盔壳悬挂装置；眼前戴着一具夜间视频强化图像增强器，可与枪上瞄具配套使用；耳畔有一双电子耳，可监听到 400 米内敌人对话，并能滤掉爆炸声浪以保护士兵不被音波击伤；防护面罩能够防生化核污染和防激光致盲；以及声音发送器、微型摄像机、视觉听觉呼吸保护装置等等。

2. 单兵计算机。其体积小于一只香烟盒，却具有热像仪、测距机、敌我识别、语音数字图像通讯、身体状态监测及化学探测仪诸多功能；全球定位系统保证他的定位精度在 0.3 米以内；负伤后急救中心能自动向其传送急救图像，使士兵在获援前就地自救。

3. 理想单兵武器。士兵手中的轻武器已如同多功能轻型速射火炮，并能在复杂气候与地形下导引发射。

4. 野战服装。这服装具有软装甲般避弹性能；具有防火焰、防生化核、防红外侦察的隐形性能。

5. 微气候动力装置。它实际上是一具穿戴在士兵身上的空调器，不管战区在北极或赤道，士兵都不感到严寒与酷暑，以保持充沛作战体能……此刻，这些装备不再是设想而历历在目，它们大部分正在研制之中，21 世纪初陆续装备部队。

现在我们可以揣想一下未来士兵的处境了，这是他们前所未有的处境。

每件武器都是一件仪器。比如一枝冲锋枪聚集了那么多高科技功能后，它就不仅是单纯的射击武器，更是件复杂的观察、测距、定向、通讯等仪器。这些仪器迫使士兵摆脱了昔日的单纯枪手，而必须具备某些数学家、化学家、电脑操纵员、通讯工程师等等品质。士兵的性命，有时就不再取决于是否被一枚达姆弹击中，而取决于某只硅电板是否被泥水锈蚀。换言之，枪上所有的仪器浓缩到一起，使那支枪无比卓越。但只要一只硅电板损坏，整支枪都可能变质为废铁。未来士兵是一团精致生物链，他的强大与脆弱纠缠在一起，甚至可以说是各种各样的脆弱才造就了他的强大。这是他的生存尴尬。

作战成为作业，在传统意义上，扣动扳机才是作战，敲击键盘只是作业。而现代战争中，操纵键盘却越来越多地代替了扣动扳机，各种各样的作业日益成为现代战场上的作战。即使远程导弹杀死千百人，操纵员们看不见一具尸骸，他的工作服一丝不乱，他的双手纤尘不染。战争残酷性对于许多作战者而言，已脱离殊死肉搏，已无惨烈的现场冲击感受。死亡与毁灭越来越抽象，直至缩小为一幅电视画面。这将引发他的道德尴尬。

想像力就是战斗力。数字化装备使全体战略、战区、战场、战士成为一串息息相关的生物链。理论上一个将军通过视屏所看到的战斗景象，一个士兵也同样能从他的显示器中看到。沙漠上的坦克与冰海中的潜艇虽然相距整个欧洲大陆，但两者的空间在数字化作战语言中只是一道缝隙。任何单兵都像一个细胞那样蠕动在庞大作战体系内，并且也像细胞那样时刻感知到全身每处伤损。他手中也许只有一支步枪，但他决策却像个将军，他再也不能只看到眼前 200 米作战责任区，而必须具有与他的装备相匹配的视野与想象，他得把自己部分精神延伸到将军甚至是总统的位置上才能当好一个士兵。但是，他每时每刻又被铺天盖地的数字化装备包裹着，如同一个器官配属给装备，决不仅是把装备配属给他。他碰到了一个新鲜而古老的困惑，新鲜在于：没有想象的战斗不再是战斗。古老在于：他支配着枪还是枪支配着他？这是他心智上的尴尬。

我想，任何一个士兵的处境，同时也是人类处境的一部分。

课文注释

1. 选自 1997 年 8 月 6 日《人民日报》。朱苏进，江苏涟水人，1953 年生，当代作家。代表作有长篇小说《在一个夏令营里》、中篇小说《射天狼》。
2. 暧昧：（态度、用意）含糊；不明白。

课后练习

一、认真阅读课文，按照下面要求准确筛选信息。

1. 读一两遍课文，根据课文内容，概述"数字化部队"的内涵。

2. 课文中，作者是从哪些方面向我们介绍"未来的士兵"的？

二、快速阅读课文，完成下面问题。

1. 作者指出未来士兵将要面对的三种"尴尬"，请你结合课文内容，说说对这三种"尴尬"的理解。

2. 课文结尾说"任何一个士兵的处境，同时也是人类处境的一部分"，该怎样理解这句话的深意呢？

三、我们生活在科学技术飞速发展的时代，大家在生活节奏快速变化的今天，要不断提高自己观察生活的能力，加强个人对新信息传播的敏感度。请你利用网络资源搜集有关科学技术新发展的信息，然后整理成文，在班上与同学互相交流。有兴趣的同学还可以建立班级"科学技术交流平台"，大家随时把科技发展的新信息上传到平台上，实现资源共享。

六、中国园林的风格[1]

陈从周

阅读提示

本文以漫谈的形式介绍了中国园林的独特风格。虽然主要是从造园的角度加以阐述的，但对我们如何赏园、如何去发现园林之美，也有一定的引导作用。作者曾说，"造景自难，观景不易"，他强调的是园林的欣赏与一个人的文化修养有着密切的关系，这些见解值得每一个徜徉于中国园林的寻美者深思。

本文的语言典雅凝练，体现了作者深厚的文言功底。这种语言风格，对于初学写作的同学来说，应当学会鉴赏，但不宜刻意模仿。这是需要特别注意的。

我国造园有悠久的历史，在世界园林中展现出独特的风格。

中国园林在建造之先，首先考虑的是静观与动观的问题。所谓静观，就是园中给游者留有驻足的观赏点；动观，就是要有较长的游览线。二者说来，庭院专主静观；小园应以静观为主，动观为辅；大园则以动观为主，静观为辅。前者如苏州的网师园[2]，妙在静中生趣；后者如苏州的拙政园[3]，奇在移步换景。立意在先，动静之分，要看园林面积的大小。

中国园林是由建筑、山水、花木等组合而成的一个综合艺术品，富有诗情画意，要造成"虽由人作，宛自天开"的境界。山贵有脉，水贵有源，脉源贯通，全园生动。我曾用"水随山转，山因水活"与"溪水因山成曲折，山蹊[4]随地作低平"来说明山水之间的关系。中国园林的树木栽植，不仅为了绿化，而且要有画意。窗外一角，即折枝尺幅；山间古树三五、幽篁[5]一丛，是模拟枯木竹石图。重姿态，不讲品种，和盆栽一样，能"入画"。

中国园林妙在含蓄，一山一石，耐人寻味。立峰是一种抽象雕塑品；美人峰细看才像；鸳鸯厅的前后梁架形式不同，不说不明白，一说才恍然大悟，竟寓鸳鸯之意。过去有些园名如寒碧山庄、梅园、网师园都可以顾名思义，园内的特色分别是白皮松、梅、水。尽人皆知的西湖十景，更是佳例。

园林景物有仰观、俯观之别；在处理上也要有区别对待。楼阁掩映、山石森严、曲水弯环等都体现着这个道理。"小红桥外小红亭，小红亭畔，高柳万蝉声"，"绿杨影里，海棠亭畔，红杏梢头"，这些诗句不但写出园林层次，有空间感和声感，同时"高柳""杏梢"又把人的视线引向仰视。至于"一丘藏曲折，缓步百跻攀[6]"，又都是留心俯视所致。因此园林建筑的顶，假山的脚，水口、树梢，都着意安排。山际安亭，水边留矶[7]，是能引人仰视、俯视的方法。

园林中曲与直是相对的，要曲中寓直，曲直自如，灵活应用。园林两侧都是风景，随意曲折一下，使经过的人左右顾盼皆有景，信步其间便路程延长、趣味加深。由此可见，曲本直生，重在曲折有度。

园之佳者就像诗之绝句，词之小令，都是以少胜多。寥寥几句，有不尽之意，弦外之音犹绕梁间。我说园外有园，景外有景，也包含着这层意思。园外有景妙在"借"，景外有景在于"时"。花影、树影、云影、水影，风声、水声、鸟语、花香，无形之景，有形之景，交响成曲。所谓诗情画意盎然而生，与此有密切关系。园林中的大小是相对的，不是绝对的。园林空间，越分隔，感到越大，越有变化。以有限面积，造无限空间。

华丽之园难简，雅淡之园难深。简以救俗，深以补淡，笔简意浓，画少气壮，艳而不俗，淡而有味，是为上品。无过无不及，得乎其中；须割爱者能忍痛，须补添者无各色[8]；下笔千钧，反复推敲；刚以柔出，柔以刚现——造园之理，与一切艺术无不息息相通。所以我曾经说，明代的园林与当时的文学、艺术、戏曲有着相同的思想感情而以不同的形式出现。文学艺术讲究意境，造园也有意境。"景露则境界小，景隐则境界大"，"引水须随势，栽松不趋行"，"几个楼台游不尽，一条流水乱相缠"，这虽然是古人咏景说画之辞，造园之理也与此相同。

造园是综合性的科学艺术，并且含哲理观万变于其中。浅言之，要以无形的诗情画意，构有形的水石亭台，借晦明风雨，使景物变化无穷。再加上南北地理之殊，风土人情之异，因素便更增多。所以，探究古园却不了解当时的社会生活，不把握中国园林的风格特点，妄加分析，就会像汉代的读书人解释儒家经典一样穿凿附会。如此说来，欣赏园林还需要丰富的生活，渊博的知识。

课文注释

1. 节选自《说园》（书目文献出版社，1984 年版），题目是编者加的，有改动。陈从周（1918—2000），中国著名园林学家，同济大学建筑系教授，美国贝聿铭建筑事务所顾问。

2. 网师园：在江苏苏州市葑门十全街。网师，撒网的渔人。

3. 拙政园：在江苏苏州市娄门内。晋代潘岳《闲居赋》有"灌园鬻蔬，是亦拙者之为政也"之句。

4. 山蹊：山间小路。

5. 幽篁（huáng）：生长在僻静之处的竹子。

6. 跻（jī）攀：登攀。

7. 矶（jī）：水边突出的小石山。

8. 各色：这里指坚持己见，不按常理办事。

课后练习

一、认真阅读课文，按照下面要求准确筛选信息。

1. 根据课文第一段内容，概括中国园林的总体特点（不超过十个字）。

2. 课文从不同角度介绍了中国园林的风格，认真阅读课文，归纳出这些风格特点。

3. 本文谈到建造园林时，认为在处理"动静之分""曲直之对"问题上，要想取得好的效果，是有一定的规律可循的，请你从文中概括出这个规律。

4. 作者认为"造园之理，与一切艺术无不息息相通"，那造园时要营造那种"虽由人作，宛自天开"的境界，在景物方面应该考虑哪些因素呢？

二、本文的语言典雅凝练，有很深的文言功底。诵读下面的句子，体会其言简意赅、节奏和谐的妙处。

1. ……小园应以静观为主，动观为辅；大园则以动观为主，静观为辅。前者如苏州的网师园，妙在静中生趣；后者如苏州的拙政园，奇在移步换景。

2. 窗外一角，即折枝尺幅；山间古树三五、幽篁一丛，是模拟枯木竹石图。

3. ……简以救俗，深以补淡，笔简意浓，画少气壮，艳而不俗，淡而有味，是为上品。

三、下面是一段介绍寒碧山庄的文字，阅读后，说说我国园林的风格特点在寒碧山庄有哪些具体体现。

寒碧山庄（现名留园）以园中栽种的白皮松得名，由若干个庭院和池山组成，林木茂盛。

从位于东面的园门步入，先来到一个小小的院落——揖峰轩。庭中布置太湖石峰，周转以曲折的回廊分割为若干小空间，其间点缀着树石花竹，宛然一幅幅精美的小品画。从揖峰轩往西，辗转来到传经堂。庭院中的湖石峰峦气势雄浑，风貌与玲珑幽静的揖峰轩恰成鲜明的对照。由此向北是远翠阁。站在这里既可以俯瞰全园，又可以远眺苏州郊外的名胜虎丘。

从这几组大小不同意趣不同的庭院群落往西，便是以山池构成的园中主要景区。中央一汪碧水清澈明净，有曲折的小桥通往池心岛。西北两侧是连绵起伏的假山，石峰兀立，间以溪流，有宋元山水的意境。北面是"小桃坞"，植有桃树；"又一村"种着紫藤、葡萄，颇具田园风光。东南两侧是高低错落虚实相间的厅楼廊轩亭等建筑，组成与西北山林相对比的画面。其中寒碧山庄与明瑟楼是宴游的场所，而垂阴池馆与绿阴（景点名）或位于水湾，或与池中小岛割出小水面相接，以达到在整体环境中各有局部的特色。东南角环以走廊，临水一面建各种形式的空窗、漏窗，使园景半露半现于窗洞中；另一面布置花台小院，使人在游览过程中左右逢源。

寒碧山庄不仅建筑精美，而且文化内涵丰富。园中廊壁上镶嵌的三百余方历代书法家墨迹石刻，被称为"留园法帖"；著名的"留园三峰"中的"冠云峰"高约9米，是北宋花石纲遗物，为江南最大的太湖石。楼堂馆舍内部的装饰陈设均古朴精美，是我国具有代表性的园林之一。

第三单元　小　说

七、林教头风雪山神庙[1]

施耐庵[2]

阅读提示

　　课文节选的是林冲由逆来顺受、委屈求全，走向反抗道路的重要章节，也是封建社会官逼民反的最典型的例子，可以帮助我们认识封建社会被压迫者走上反抗道路的必然性。与课文有关的情节是：林冲本在东京当八十万禁军教头，奸臣高俅的干儿子高衙内几次要霸占林冲的妻子，都遭到抗拒，高俅指使陆谦、富安等人设下毒计，企图置林冲于死地，于是林冲被陷害，充军发配到沧州。由于鲁智深、柴进的保护和帮助，林冲一路上免于被害，到沧州后被派到天王堂当看守。课文就是从这里开始的。

　　小说的故事情节以高俅之子高衙内企图强霸林冲之妻，设计陷害林冲为线索，表现林冲由忍辱负重到奋起反抗的思想发展过程，林冲由安于现状到奋起反抗，完全是被一步步逼出来的，在那样的一种社会环境下，官府黑暗，奸臣当道，忠良被诬，怎么会有林冲的好日子过呢？本来他有一个幸福的家，但是被百般陷害、破坏后，却被逼得无家可归而走上梁山。这些情节有力地突出了"官逼民反"这个主题。

　　阅读课文要抓住林冲心理和情绪的发展变化这条线索来把握人物性格，思考他被逼造反的必然性；还要揣摩有关风雪的景物描写，认识景物描写在渲染气氛、烘托人物以及推动情节发展方面所起的作用。

　　话说当日林冲正闲走间，忽然背后人叫。回头看时，却认得是酒生儿[3]李小二。当初在东京时，多得林冲看顾；后来不合[4]偷了店主人家钱财，被捉住了，要送官司问罪，又得林冲主张陪话[5]，救了他免送官司，又与他赔了些钱财，方得脱免；京中安不得身，又亏林冲赍发[6]他盘缠，于路[7]投奔人。不想今日却在这里撞见。林冲道："小二哥！你如何也在这里？"李小二便拜道："自从得恩人救济，赍发小人，一地里投奔人不着。迤逦[8]不想来到沧州，投托一个酒店主人，姓王，留小人在店中做过卖[9]。因见小人勤谨，安排的好菜蔬，调和的好汁水[10]，来吃的人都喝彩，以此买卖顺当，主人家有个女儿，就招了小人做女婿。如今丈人丈母都死了，只剩得小人夫妻两个，权在营前[11]开了个茶酒店。因讨钱过来，遇见恩人。恩人不知为何事在这里？"林冲指着脸上道："我因恶了高太尉[12]，生事陷害，受了一场官司，刺配[13]到这里。如今叫我管[14]天王堂，未知久后如何。不想今日在此见你。"李小二就请林冲到家里坐定，叫妻子出来拜了恩人。两口儿欢喜道："我夫妻二人正没个亲眷，今日得恩人到来，便是从天降下。"林冲道："我是罪囚，恐怕玷辱你夫妻两个。"李小二道："谁不知恩人大名？休恁地说。但有衣服，便拿来家里浆洗缝补。"当时管待林冲酒食，至夜送回天王堂。次日又来相请。自此，林冲得店小二家来往，不时间送些汤水来营里与林冲吃。林冲因见他两口儿恭敬孝顺，常把些银两与他做本钱。

且把闲话休题，只说正话。光阴迅速，却早冬来。林冲的绵衣裙袄都是李小二浑家整治缝补。忽一日，李小二正在门前安排菜蔬下饭，只见一个人闪将进来，酒店里坐下；随后又一人闪入来。看时，前面那个人是军官打扮，后面这个走卒模样，跟着也来坐下。李小二入来问道："可要吃酒？"只见那个人将出[15]一两银子与李小二道："且收放柜上，取三四瓶好酒。客到时，果品酒馔[16]只顾将来，不必要问。"李小二道："官人请甚客？"那人道："烦你与我去营里请管营[17]、差拨[18]两个来说话。问时，你只说：'有个官人请说话，商议些事务，专等，专等。'"李小二应承了，来到牢城里，先请了差拨；同到管营家里，请了管营，都到酒店里。只见那个官人和管营、差拨两人讲了礼[19]。管营道："素不相识，动问官人高姓大名。"那人道："有书在此，少刻便知。且取酒来。"李小二连忙开了酒，一面铺下菜蔬果品酒馔。那人叫讨副劝盘[20]来，把了盏[21]，相让坐了。小二独自一个穿梭也似服侍不暇。那跟来的人讨了汤桶[22]，自行烫酒。约计吃过十数杯，再讨了按酒铺放桌上。只见那人说道："我自有伴当烫酒。不叫，你休来。我等自要说话。"

李小二应了，自来门首叫老婆道："大姐！这两个人来得不尴尬[23]。"老婆道："怎么的不尴尬？"小二道："这两个人，语言声音是东京人，初时又不认得管营，向后我将按酒入去，只听得差拨口里呐[24]出一句'高太尉'三个字来。这人莫不与林教头身上有些干碍[25]？我自在门前理会。你且去阁子背后听说甚么。"老婆道："你去营中寻林教头来，认他一认。"李小二道："你不省得[26]，林教头是个性急的人，摸不着[27]便要杀人放火。倘若叫得他来看了，正是前日说的甚么陆虞候，他肯便罢？做出事来，须连累了我和你。你只去听一听，再理会。"老婆道："说的是。"便入去听了一个时辰，出来说道："他那三四个交头接耳说话，正不听得说甚么。只见那一个军官模样的人去伴当怀里取出一帕子物事[28]递与管营和差拨。帕子里面的莫不是金银？只听差拨口里说道：'都在我身上，好歹要结果他性命。'……"正说之时，阁子里叫："将汤来！"李小二急去里面换汤时，看见管营手里拿着一封书。小二换了汤，添些下饭。又吃了半个时辰，算还了酒钱。管营、差拨先去了，次后那两个低着头也去了。

转背不多时，只见林冲走将入店里来，说道："小二哥！连日好买卖。"李小二慌忙道："恩人请坐。小二却待正要寻恩人，有些要紧话说。"林冲问道："甚么要紧的事？"李小二请林冲到里面坐下，说道："却才有个东京来的尴尬人，在我这里请管营、差拨吃了半日酒。差拨口里呐出'高太尉'三个字来，小人心下疑惑。又着浑家听了一个时辰，他却交头接耳，说话都不听得。临了，只见差拨口里应道：'都在我两个身上，好歹要结果了他。'那两个把一包金银递与管营、差拨，又吃一回酒，各自散了。不知甚么样人。小人心疑，只怕在恩人身上有些妨碍。"林冲道："那人生得甚么模样？"李小二道："五短身材[29]，白净面皮，没甚髭须，约有三十余岁。那跟的也不长大，紫棠色[30]面皮。"林冲听了，大惊道："这三十岁的正是陆虞候，那泼贼贼[31]敢来这里害我！休要撞着我，只叫他骨肉为泥！"李小二道："只要提防[32]他便了。岂不闻古人言：'吃饭防噎，走路防跌？'"

林冲大怒，离了李小二家，先去街上买了把解腕尖刀[33]，带在身上，前街后巷一地里去寻。李小二夫妻两个捏着两把汗。当晚无事。林冲次日天明起来，洗漱罢，带了刀，又去沧州城里城外，小街夹巷，团团[34]寻了一日。牢城营里都没动静。又来对李小二道："今日又无事。"小二道："恩人，只愿如此。只是自放仔细便了。"林冲自回天王堂，过了一夜。街上寻了三五日，不见消耗[35]，林冲也自心下慢[36]了。

到第六日，只见管营叫唤林冲到点视厅[37]上，说道："你来这里许多时，柴大官人面皮，不曾抬举得你[38]。此间东门外十五里有座大军草料场[39]，每月但是纳草纳料的，有些常例钱[40]取觅。原是一个老军看管；如今我抬举你，去替那老军来守天王堂，你在那里寻几贯盘缠[41]。你可和差拨便去那里交割[42]。"林冲应道："小人便去。"当时离了营中，径到李小二家，对他夫妻两个说道："今日管营拨我去大军草料场管事，却如何？"李小二道："这个差使又好似[43]天王堂。那里收草料时，有些常例钱钞。往常不使钱[44]时，不能够得这差使。"林冲道："却不害我，倒与我好差使，正不知何意？……"李小二道："恩人，休要疑心。只要没事便好了。只是小人家离得远了，过几时，那工夫[45]来望恩人。"就时家里安排几杯酒，请林冲吃了。

话不絮烦，两个相别了。林冲自来天王堂，取了包裹，带了尖刀，拿了条花枪，与差拨一同辞了管营，两个取路投草料场来。正是严冬天气，彤云[46]密布，朔风渐起，却早纷纷扬扬卷下一天大雪来。林冲和差拨两个在路上，又没买酒吃处，早来到草料场外。看时，一周遭有些黄土墙，两扇大门。推开看里面时，七八间草屋做着仓廒[47]，四下里都是马草堆，中间两座草厅。到那厅里，只见那老军在里面向火[48]。差拨说道："管营差这个林冲来，替你回天王堂看守，你可即便交割。"老军拿了钥匙，引着林冲，吩咐道："仓廒内自有官司封记[49]。这几堆草，一堆堆都有数目。"老军都点见[50]了堆数，又引林冲到草厅上。老军收拾行李，临了说道："火盆、锅子、碗、碟，都借与你。"林冲道："天王堂内，我也有在那里，你要便拿了去。"老军指壁上挂一个大葫芦，说道："你若买酒吃时，只出草场投东大路去，三二里便有市井[51]。"老军自和差拨回营里来。

只说林冲就床上放了包裹被卧[52]，就坐下生些焰火起来。屋里有一堆柴炭，拿几块来，生在地炉里。仰面看那草屋时，四下里崩坏了，又被朔风吹撼，摇振得动。林冲道："这屋如何过得一冬？待雪晴了，去城中唤个泥水匠来修理。"向了一回火，觉得身上寒冷，寻思却才老军所说，二里路外有那市井，何不去沽些酒来吃？便去包裹里取些碎银子，把花枪挑了酒葫芦，将火炭盖了，取毡笠子戴上，拿了钥匙，出来，把草厅门拽上；出到大门首，把两扇草场门反拽上锁了；带了钥匙，信步投东，雪地里踏着碎琼乱玉[53]，迤逦背着北风而行。那雪正下得紧。

行不上半里多路，看见一所古庙，林冲顶礼[54]道："神明庇佑[55]！改日来烧纸钱。"又行了一回，望见一簇人家。林冲住脚看时，见篱笆中挑着一个草帚儿[56]在露天里。林冲径到店里。主人道："客人那里来？"林冲道："你认得这个葫芦么？"主人看了道："这葫芦是草料场老军的。"林冲道："原来如此。"店主道："既是草料场看守大哥，且请少坐；天气寒冷，且酌三杯，权当接风[57]。"店家切一盘熟牛肉，烫一壶热酒，请林冲吃。又自买了些牛肉，又吃了数杯。就又买了一葫芦酒，包了那两块牛肉，留下些碎银子，把花枪挑着酒葫芦，怀内揣了牛肉，叫声"相扰"，便出篱笆门，仍旧迎着朔风回来。看那雪，到晚越下得紧了。

再说林冲踏着那瑞雪，迎着北风，飞也似奔到草场门口，开了锁，入内看时，只叫得苦。原来天理昭然，佑护善人义士，因这场大雪，救了林冲的性命：那两间草厅已被积雪压倒了。林冲寻思："怎地好？"放下花枪、葫芦在雪里；恐怕火盆内有火炭延烧起来，搬开破壁子，探半身入去摸时，火盆内火种都被雪水浸灭了。林冲把手床上摸时，只拽得一条絮被。林冲钻将出来，见天色黑了，寻思："又没打火处，怎生安排？"想起离了这半里路上有个古庙，可以安身，"我且去那里宿一夜，等到天明，却作理会。"把被卷了，花枪挑着酒葫芦，依旧把门拽上，锁了，望那庙里来。入得庙门，再把门掩上。旁边正有一块大石头，掇将过来，靠了门。入得里面看时，殿上塑着一尊金甲山神，两边一个判官，一个小鬼，侧边堆着一堆纸。团团看来，又没邻舍，又无庙主。林冲把枪和酒葫芦放在纸堆上，将那条絮被放开，先取下毡笠子，把身上雪都抖了，把上盖[58]白布衫脱将下来[59]，早有五分湿了，和毡笠放在供桌上。把被扯来盖了半截下身，却把葫芦冷酒提来，慢慢地吃，就将怀中牛肉下酒。

正吃时，只听得外面必必剥剥地爆响。林冲跳起身来，就壁缝里看时，只见草料场里火起，刮刮杂杂地烧着。当时林冲便拿了花枪，却待开门来救火，只听得外面有人说将话来。林冲就伏门边听时，是三个人脚步响，直奔庙里来；用手推门，却被石头靠住了，再也推不开。三人在庙檐下立地[60]看火。数内一个道："这条计好么？"一个应道："端的⁶¹亏管营、差拨两位用心！回到京师，禀过太尉，都保你二位做大官。这番张教头没得推故了⁶²！"一个道："林冲今番直吃我们对付了⁶³！高衙内这病必然好了！"又一个道："张教头那厮，三回五次托人情去说：'你的女婿没了'，张教头越不肯应承，因此衙内病患看看重了。太尉特使俺两个央浼⁶⁴二位干这件事。不想而今完备了！"又一个道："小人直爬入墙里去，四下草堆上点了十来个火把，待走哪里去！"那一个道："这早晚烧个八分过了。"又听得一个道："便逃得性命时，烧了大军草料场也得个死罪！"又一个道："我们回城里去罢。"一个道："再看一看，拾得他一两块骨头回京，府里见太尉和衙内时，也道我们也能会干事。"

林冲听那三个人时，一个是差拨，一个是陆虞候，一个是富安。自思道：天可怜见⁶⁵林冲！若不是倒了草厅，我准定被这厮们烧死了！轻轻把石头掇开，挺着花枪，左手拽开庙门，大喝一声："泼贼那里去！"三个人都急要走时，惊得呆了，正走不动。林冲举手，胳察⁶⁶的一枪，先搠⁶⁷倒差拨。陆虞候叫声"饶命！"吓的慌了手脚，走不动。那富安走不到十来步，被林冲赶上，后心只一枪，又搠倒了。翻身回来，陆虞候却才行得三四步，林冲喝声道："奸贼！你待那里去！"劈胸只一提，丢翻在雪地上，把枪搠在地里，用脚踏住胸脯，身边取出那口刀来，便去陆谦脸上搁着，喝道："泼贼！我自来又和你无甚么冤仇，你如何这等害我！正是'杀人可恕，情理难容'！"陆虞候告道："不干小人事；太尉差遣，不敢不来。"林冲骂道："奸贼！我与你自幼相交，今日倒来害我！怎不干你事？且吃我一刀！"把陆谦上身衣服扯开，把尖刀向心窝里只一剜⁶⁸，……入庙里来，……穿了白布衫，系了搭膊⁶⁹，把毡笠子带上，将葫芦里冷酒都吃尽了，被与葫芦都丢了不要，提了枪，便出庙门投东去。

课文注释

1. 节选自《水浒传》第十回（人民文学出版社，1975 年版）。林教头，即林冲。林冲原是北宋京城的八十万禁军（保卫京城的军队）枪棒教头（教官）。《水浒传》是在长期流传的宋元话本基础上加工创作而成的。因此，它的叙述方式带有说书人的痕迹。作者作为说书人，既可因故事发展需要安排许多巧合，也可打断故事进程发一通议论。阅读时，要注意这一特点。

2. 施耐庵：元末明初小说家。原名彦端，字肇端，号子安，别号耐庵。祖籍苏州，随父迁居兴化，落户白驹场。

3. 酒生儿：酒店里的伙计。

4. 不合：不该。

5. 主张陪话：出头做主，为他说好话。

6. 赍（jī）发：资助。

7. 于路：沿路。

8. 迤逦（yǐ lǐ）：曲折连绵，这里是"一路走去，绕来绕去"的意思。

9. 过卖：堂倌，酒食店里招待顾客的伙计。

10. 汁水：羹汤之类。

11. 营前：指牢城营前面。牢城营，收管发配的囚犯的地方。

12. 恶（wù）了高太尉：触怒了高太尉。恶，冒犯、触怒。太尉，官名，宋徽宗时武官的高级官阶。高太尉，指高俅，他是殿帅府太尉。

13. 刺配：脸上刺上字，发往远地充军。刺，古时的肉刑，在罪犯额面或肌肤上刺上字，用墨染上颜色。配，发往远地充军。

14. 管：看守。

15. 将出：拿出。将，拿。

16. 馔（zhuàn）：饭食。

17. 管营：看管牢城营的官吏。

18. 差拨：管牢狱的公差。

19. 讲了礼：见了礼。

20. 劝盘：敬酒时放酒杯的托盘。

21. 把了盏：敬了酒。

22. 汤桶：热水桶。

23. 不尴尬：鬼鬼祟祟，不正派。也作"尴尬"或者"不尴不尬"。

24. 呐：通"讷"，说话迟钝或口吃，这里的意思是小声说出。

25. 干碍：关涉，妨害。

26. 不省（xǐng）得：不明白。

27. 摸不着：料不定。

28. 物事：东西。

29. 五短身材：指身躯和四肢都短小。

30. 紫棠色：黑里带红的颜色。

31. 泼（pō）贱贼：歹毒无赖的奸贼。

32. 提（dī）防：小心防备。

33. 解腕尖刀：日常应用的一种小佩刀。

34. 团团：转来转去。

35. 消耗：消息。

36. 慢：这里是"轻忽、松懈"的意思。

37. 点视厅：点验犯人的大厅。

38. 柴大官人面皮，不曾抬举得你：（虽然有）柴大官人的面子，（却至今）没有抬举过你。柴大官人，柴进。林冲到沧州前，在柴进庄上住过几天；临行时，柴进给沧州大尹和牢城管营、差拨带去书信，让他们照顾林冲。

39. 大军草料场：存放军用草料的场子，北宋时，沧州靠近宋王朝的边界，驻扎军队，所以有草料场。

40. 常例钱：例行的贿赂钱。

41. 盘缠：这里指零用钱。

42. 交割：办交代。

43. 好似：胜过。

44. 使钱：行贿。

45. 那工夫：抽空儿。那，这里同"挪"。

46. 彤云：浓云。

47. 仓廒（áo）：存放粮食的仓库。

48. 向火：烤火。

49. 官司封记：官家的封条。官司，旧时对官吏和政府的泛称。

50. 点见：点清。

51. 市井：市镇。

52. 被卧：被褥。

53. 碎琼乱玉：指地上的雪。琼，美玉。

54. 顶礼：佛家最敬之礼，即跪拜。

55. 庇佑：保佑。

56. 草帚儿：当酒旗用的草把。

57. 接风：设宴接待远方的来客。

58. 上盖：上身的外衣。

59. 脱将下来：脱下来。

60. 立地：站着。

61. 端的：果然。

62. 这番张教头没得推故了：这一回，张教头没有理由推托了。张教头，林冲的岳父。林冲充军以后，高衙内（高俅的干儿子，"衙内"是宋元时代对官家子弟的称呼）几次威逼林冲的妻子嫁他，张教头总推托说："女婿会回来同女儿团聚。"

63. 今番直吃我们对付了：这回可真被我们收拾了。

64. 央浼（měi）：恳求，请托。

65. 可怜见：向人乞怜的词，就是"可怜"。

66. 胳察：形容枪扎下去的声音。

67. 搠（shuò）：扎，刺。

68. 剜（wān）：挖。

69. 搭膊：一种布制的长带，中间有个袋，可以束在腰间。又可称"褡包"。

课后练习

一、阅读课文，完成下列填空。

1. _____是我国文学史上第一部以农民起义为题材的优秀长篇小说。《水浒传》和_____、_____、_____并称为四大名著，代表了中国古典小说的最高成就。

2. 本文的故事情节由引子_____、开端_____、发展_____、高潮和结局_____四部分构成。故事情节以林冲的主要性格特征为线索，具体地向我们展示了在封建统治者一逼、再逼、逼得无路可走的情况下，林冲终于由逆来顺受、委屈求全到拔刀而起怒杀仇敌，走向反抗的道路，有力突出了_____这个主题。

二、林冲一路向我们走来，我们见证了他的辛酸苦楚，也见证了他的淋漓酣畅。那么课文是怎样刻画林冲性格的转变的，林冲到底是个怎样的人？谈谈你的看法。

三、课文在景物描写上，紧扣回目"林教头风雪山神庙"中"风雪"二字。下面是文中对风雪的几次描写，每次描写风雪的时候，故事情节也向前发展。请在括号中写出每次描写风雪时林冲的活动。

（   ）正是严冬天气，彤云密布，朔风渐起，却早纷纷扬扬卷下一天大雪来。

（   ）仰面看那草屋时，四下里崩坏了，又被朔风吹撼，摇振得动。

（   ）带了钥匙，信步投东，雪地里踏着碎琼乱玉，迤逦背着北风而行。那雪正下得紧。

（   ）再说林冲踏着那瑞雪，迎着北风，飞也似奔到草场门口，开了锁，入内看时，只叫得苦。

四、杀了仇人之后，林冲上了梁山。之后，这位"豹子头"又发生了哪些故事？如果你读过《水浒传》，请讲给同学们听听。

八、群英会蒋干中计[1]

罗贯中[2]

阅读提示

课文节选自《三国演义》中赤壁之战的一个片段。与课文有关的情节是：曹操统一黄河流域后，率八十万大军南下，旨在消灭孙权、刘备，统一全国；东吴孙权一番犹豫后，接受了诸葛亮的劝说和内部主战派的主张，决定联合刘备抗击曹操；针对自己的主力——青、徐之兵不习水战的弱点，曹操起用荆州降将蔡瑁、张允做水军都督训练水军，以应对东吴善于水上作战的长处；而周瑜则必须除掉蔡、张二人，以保持自己的优势，以少胜多；其间，曹操误信蒋干的狂言，派他往江东劝周瑜投降；而周瑜则利用这天赐良机巧施反间计，使曹操错杀二将，除掉了自己的心腹之患。

阅读课文要仔细揣摩作者是怎样随着情节的一步步推进来刻画人物的，思考一下作者通过哪些细节描写突出了周瑜、蒋干、曹操三人不同的性格特点。

却说周瑜回至寨[3]中，……忽报曹操遣使送书至，瑜唤入。使者呈上书看时，封面上判云[4]："汉大丞相付周都督开拆。"瑜大怒，更不开看，将书扯碎，掷于地上，喝斩来使。肃曰："两国相争，不斩来使。"瑜曰："斩使以示威！"遂斩使者，将首级付从人持回。随令甘宁[5]为先锋，韩当为左翼，蒋钦为右翼，瑜自部领[6]诸将接应，来日四更造饭，五更开船，鸣鼓呐喊而进。

却说曹操知周瑜毁书斩使，大怒，便唤蔡瑁、张允[7]等一班荆州降将为前部，操自为后军，催督战船，到三江口[8]。早见东吴船只，蔽江[9]而来。为首一员大将，坐在船头上大呼曰："吾乃甘宁也！谁敢来与我决战？"蔡瑁令弟蔡壎前进。两船将近，甘宁拈弓搭箭，望蔡壎射来，应弦而倒[10]。宁驱船大进，万弩齐发。曹军不能抵当。右边蒋钦，左边韩当，直冲入曹军队中。曹军大半是青、徐[11]之兵，素不习水战，大江面上，战船一摆，早立脚不住。甘宁等三路战船，纵横水面，周瑜又催船助战。曹军中箭着炮者，不计其数。从巳时[12]直杀到未时[13]，周瑜虽得利，只恐寡不敌众，遂下令鸣金[14]，收住船只。曹军败回。操登旱寨，再整军士，唤蔡瑁、张允责之曰："东吴兵少，反为所败，是汝等不用心耳！"蔡瑁曰："荆州水军，久不操练；青、徐之军，又素不习水战，故尔致败。今当先立水寨，令青、徐军在中，荆州军在外，每日教习精熟，方可用之。"操曰："汝既为水军都督，可以便宜从事[15]，何必禀我！"于是张、蔡二人自去训练水军。沿江一带分二十四座水门[16]，以大船居于外为城郭，小船居于内，可通往来。至晚点上灯火，照得天心水面通红。旱寨三百余里，烟火不绝。

却说周瑜得胜回寨，犒赏[17]三军，一面差人到吴侯[18]处报捷。当夜，瑜登高观望，只见西边火光接天。左右告曰："此皆北军灯火之光也。"瑜亦心惊。次日，瑜欲亲往探看曹军水寨，乃命收拾楼船[19]一只，带着鼓乐，随行健将数员，各带强弓硬弩，一齐上船迤逦[20]前进。至操寨边，瑜命下了碇石[21]，楼船上鼓乐齐奏。瑜暗窥他水寨，大惊曰："此深得水军之妙也！"问："水军都督是谁？"左右曰："蔡瑁、张允。"瑜思曰："二人久居江东[22]，谙习[23]水战，吾必设计先除此二人，然后可以破曹。"正窥看间，早有曹军飞报曹操说："周瑜偷看吾寨。"操命纵船擒捉。瑜见水寨中旗号动，急叫收起碇石，两边四下一齐轮转橹棹，望江面上如飞而去。比及曹寨中船出时，周瑜的楼船已离了十数里远，追之不及，回报曹操。

操问众将曰："昨日输了一阵，挫动[24]锐气，今又被他深窥吾寨，吾当作何计破之？"言未毕，忽帐下一人出曰："某自幼与周郎同窗交契[25]，愿凭三寸不烂之舌，往江东说此人来降。"曹操大喜，视之，乃九江人，姓蒋，名干，字子翼，现为帐下幕宾[26]。操问曰："子翼与周公瑾相厚乎？"干曰："丞相放心，干到江左[27]，必要成功。"操问："要将何物去？"干曰："只消一童随往，二仆驾舟，其余不用。"操甚喜，置酒与蒋干送行。干葛[28]巾布袍，驾一只小舟，径到周瑜寨中，命传报："故人蒋干相访。"周瑜正在帐中议事，闻干至，笑谓诸将曰："说客至矣！"遂与众将附耳低言，如此如此。众皆应命而去。

瑜整衣冠，引从者数百，皆锦衣花帽，前后簇拥而出。蒋干引一青衣小童，昂然而来。瑜拜迎之。干曰："公瑾别来无恙！"瑜曰："子翼良苦。远涉江湖，为曹氏作说客耶？"干愕然曰："吾久别足下，特来叙旧，奈何疑我作说客也？"瑜笑曰："吾虽不及师旷之聪[29]，闻弦歌而知雅意[30]。"干曰："足下待故人如此，便请告退。"瑜笑而挽其臂曰："吾但恐兄为曹氏作说客耳。既无此心，何速去也？"遂同入帐。叙礼[31]毕，坐定，即传令悉召江左英杰与子翼相见。

须臾，文官武将，各穿锦衣，帐下偏裨将校，都披银铠，分两行而入。瑜都教相见毕，就列于两旁而坐。大张筵席，奏军中得胜之乐，轮换行酒[32]。瑜告众官曰："此吾同窗契友也。虽从江北到此，却不是曹家说客，公等勿疑。"遂解佩剑付太史慈[33]曰："公可佩我剑作监酒。今日宴饮，但叙朋友交情。如有提起曹操与东吴军旅之事者，即斩之。"太史慈应诺，按剑[34]坐于席上。蒋干惊愕，不敢多言。周瑜曰："吾自领军以来，滴酒不饮。今日见了故人，又无疑忌，当饮一醉。"说罢，大笑畅饮。座上觥筹交错[35]。饮至半酣，瑜携干手，同步出帐外。左右军士，皆全装贯带[36]，持戈执戟而立。瑜曰："吾之军士，颇雄壮否？"干曰："真熊虎之士也！"瑜又引干到帐后一望，粮草堆如山积。瑜曰："吾之粮草，颇足备否？"干曰："兵精粮足，名不虚传！"瑜佯醉大笑曰："想周瑜与子翼同学业时，不曾望有今日！"干曰："以吾兄高才，实不为过！"瑜执干手曰："大丈夫处世，遇知己之主，外托君臣之义，内结骨肉之恩[37]，言必行，计必从，祸福共之。假使苏秦、张仪、陆贾、郦生[38]复出，口似悬河，舌如利刃，安能动我心哉！"言罢大笑。蒋干面如土色。瑜复携干入帐，会诸将再饮，因指诸将曰："此皆江东之英杰。今日此会，可名'群英会'。"饮至天晚，点上灯烛，瑜自起舞剑作歌。歌曰：

丈夫处世兮立功名，立功名兮慰平生。慰平生兮吾将醉，吾将醉兮发狂吟[39]……

歌罢，满座欢笑。至夜深，干辞曰："不胜酒力矣。"瑜命撤席，诸将辞出。瑜曰："久不与子翼同榻，今宵抵足而眠。"于是佯作大醉之状，携干入帐共寝。瑜和衣卧倒，呕吐狼藉。蒋干如何睡得着？伏枕听时，军中鼓打二更。起视，残灯尚明。看周瑜时，鼻息如雷。干见帐内桌上，堆着一卷文书，乃起床偷视之，却都是往来书信。内有一封，上写"蔡瑁张允谨封"。干大惊，暗读之。书略曰：

某等降曹，非图仕禄，迫于势耳。今已赚[40]北军困于寨中，但得其便，即将操贼之首，献于麾下。早晚人到，便有关报[41]。幸勿见疑！先此敬复。

干思曰："原来蔡瑁、张允结连东吴！"遂将书暗藏于衣内。再欲检看他书时，床上周瑜翻身，干急灭灯就寝。瑜口内含糊曰："子翼，我数日之内，教你看操贼之首！"干勉强应之。瑜又曰："子翼，且住！……教你看操贼之首！……"及干问之，瑜又睡着。干伏于床上，将近四更，只听得有人入帐，唤曰："都督醒否？"周瑜梦中做忽觉之状，故问那人曰："床上睡着何人？"答曰："都督请子翼同寝，何故忘却？"瑜懊悔曰："吾平日未尝饮醉，昨日醉后失事，不知可曾说甚言语？"那人曰："江北有人到此。"瑜喝："低声！"便唤："子翼"，蒋干只妆睡着。瑜潜出帐。干窃听之，只闻有人在外曰："张、蔡二都督道：'急切不得下手……'"后面言语颇低，听不真实。少顷，瑜入帐，又唤："子翼"，蒋干只是不应，蒙头假睡。瑜亦解衣就寝。干寻思："周瑜是个精细人，天明寻书不见，必然害我。"睡至五更，干起唤周瑜，瑜却睡着。干戴上巾帻[42]，潜步出帐，唤了小童，径出辕门[43]。军士问："先生那里去？"干曰："吾在此恐误都督事，权且告别。"军士亦不阻挡。

干下船，飞棹回见曹操。操问："子翼干事若何？"干曰："周瑜雅量高致，非言词所能动也。"操怒曰："事又不济[44]，反为所笑！"干曰："虽不能说周瑜，却与丞相打听得一件事。乞退左右。"干取出书信，将上项事逐一说与曹操。操大怒曰："二贼如此无礼耶！"即便唤蔡瑁、张允到帐下。操曰："我欲使汝二人进兵。"瑁曰："军尚未曾练熟，不可轻进。"操怒曰："军若练熟，吾首级献于周郎矣！"蔡、张二人不知其意，惊慌不能回答。操喝武士推出斩之。须臾，献头帐下，操方省悟曰："吾中计矣！"众将见杀了张、蔡二人，入问其故。操虽心知中计，却不肯认错，乃谓众将曰："二人怠慢军法，吾故斩之。"众皆嗟呀不已。操于众将内选毛玠、于禁为水军都督，以代蔡、张二人之职。

细作探知，报过江东。周瑜大喜曰："吾所患者，此二人耳，今既剿除，吾无忧矣！"

课文注释

1. 选自《三国演义》第四十五回（人民文学出版社，1973 年版）。

2. 罗贯中：名本，字贯中，号湖海散人，祖籍太原，元末明初小说家、戏剧家。相传为施耐庵学生，两人曾共同从事创作；其代表作《三国演义》是我国古代著名的第一部长篇历史小说，也是我国文学史上第一部章回体小说。

3. 寨：军营。

4. 判云：批道，写道。

5. 甘宁：和下文的韩当、蒋钦，都是东吴的将领。

6. 部领：统帅。

7. 蔡瑁、张允：原来都是荆州刺史（刺史是汉代的地方行政长官）刘表的部下，后来投降曹操。

8. 三江口：在现在湖北省黄冈县西。

9. 蔽江：遮蔽了江面（形容船只多）。

10. 应弦而倒：随着弓弦的响声（被射中了）倒在地上。

11. 青、徐：青州和徐州，现在的山东和江苏一带。

12. 巳时：旧式计时法，指上午九点钟到十一点钟的时间。

13. 未时：旧式计时法，指下午一点钟到三点钟的时间。

14. 鸣金：敲锣，古代作战时候收兵的信号。

15. 便宜（biàn yí）从事：看怎么方便就怎么办。

16. 水门：用战船在水上布置了作战的阵地，从阵地通向外面的门。

17. 犒（kào）赏：犒劳赏赐。

18. 吴侯：指东吴的最高统治者孙权。

19. 楼船：高大、有楼的战船。

20. 迤逦（yǐ lǐ）：曲折连绵。

21. 碇（dìng）石：系船的石墩。沉在水中用以停船用的大石，和锚的功用一样。

22. 江东：长江在芜湖、南京间作西南偏南、东北偏北流向，隋、唐以前，是南北往来主要渡口的所在地，习惯上称从这里以下的长江南岸地区为江东。三国时，江东是孙吴的根据地，所以当时又称孙吴统治下的全部地区为江东。这里指的是前面一种说法，下文的"江东"指的是后面一种说法。

23. 谙（ān）习：熟习。

24. 挫动：挫折。

25. 交契：交情深厚。契，情意相投。

26. 幕宾：这里指军队里的参谋。

27. 江左：古人以东为左，以西为右，所以"江东"又称"江左"。

28. 葛：一种植物，纤维可以织布。

29. 师旷之聪：师旷那样耳朵灵。师旷，春秋时代晋国的乐师，善于辨别乐音。聪，耳朵很灵。

30. 雅意：高雅的含义。

31. 叙礼：行礼。

32. 行酒：敬酒。

33. 太史慈：东吴的将领。

34. 按剑：用手抚剑。

35. 觥（gōng）筹交错：酒杯和酒筹交互错杂。筹，酒筹，行酒令（用游戏方法决定饮酒的次序）用的竹签。

36. 全装贯带：全副武装，束着腰带。

37. 外托君臣之义，内结骨肉之恩：意思是说，一方面是君臣关系，一方面彼此有骨肉一样的恩情。

38. 陆贾、郦生：汉代有名的辩士。陆贾，楚人，汉初曾随高祖定天下，常出使诸侯做说客。郦生，就是郦食其（lì yǐ jī），秦汉之际多次给刘邦献计，后说齐王田广归汉。

39. 发狂吟：唱出放荡不羁的歌。

40. 赚：诱骗。

41. 关报：报告。

42. 巾帻（zé）：头巾。

43. 辕门：军营的门。也指衙署的外门。

44. 不济：不成功。

课后练习

一、按照下面提示的脉络，讲讲"群英会蒋干中计"的故事。

故事的开端——故事的发展和高潮——故事的结局和尾声

二、结合课文内容，回答下列问题。

1. 从毁书斩使、夜窥敌寨、宴飨蒋干、佯醉梦呓等情节能看出周瑜是个怎样的人？其中，同蒋干周旋时的几次大笑，意义何在？

2. 蒋干自告奋勇时对曹操说了哪些话？刚到周瑜寨中时"昂然而来"是种怎样的神态？和周瑜几句话交锋之后反应如何？和周瑜同榻共寝之际又有哪些表现？从中能看出蒋干是个怎样的人？

3. 曹操看过蒋干盗来的书信后，为什么不找蔡瑁、张允核实，反而说"我欲使汝二人进兵"？这能说明什么？曹操见到二将的首级，方醒悟"吾中计矣"，可为什么用"二人怠慢军法，吾故斩之"的话来搪塞众将的询问？这又说明什么？

三、曹操是个很机警、很有斗争经验的人，他为什么会中计呢？谈谈你的看法。

四、想象一下，蒋干盗书时，周瑜或蒋干的心理活动是什么样的呢？用 200 字左右的文字描写下来。（要求：想象要体现人物的性格特征）

九、子夜[1]（节选）

茅 盾[2]

阅读提示

《子夜》是我国现代文学史上一部杰出的现实主义长篇名著，它以半封建半殖民地的都市上海为背景，通过民族资本家吴荪甫为振兴民族工业而奋斗并失败的过程，揭示了旧中国民族资产阶级同买办资产阶级之间的矛盾斗争，进而指出中国社会不可能走上真正的资本主义道路。

全书共十九章，本篇课文节选自小说的第一章，塑造了一位生活于 20 世纪 30 年代的封建遗老——吴老太爷形象。文章通过吴老太爷进城，拉开了全书的序幕。他不是《子夜》中的主要人物，却是整部小说中一个具有特殊意义的人物。吴老太爷满脑子封建思想，是"古老社会的僵尸"，面对繁华的都市、快速的节奏、时髦的女郎，他深受刺激，遭受重创。文中也借此表达了封建遗老已难以适应现代文明，必将被时代无情抛弃的主题。

阅读课文，把握这一人物的思想性格与人生历程，并思考新旧思想、父子冲突能给今天的我们以怎样的思想启迪。在此基础上，结合阅读《子夜》全文，从主题思想的深化、情节结构的安排等方面，去思考作者塑造这一人物的意图。

云飞轮船果然泊在一条大拖船——所谓"公司船"[3]的外边。那只大藤椅[3]已经放在云飞船头，两个精壮的脚夫站在旁边。码头上冷静静地没有什么闲杂人；轮船局里的两三个职员正在那里高声吆喝，轰走那些围近来的黄包车夫和小贩。荪甫他们三位走上了那"公司船"的甲板时，吴老太爷已经由云飞的茶房扶出来坐上藤椅子了。福生赶快跳过去，做手势，命令那两个脚夫抬起吴老太爷，慢慢地走到"公司船"上。于是儿子，女儿，女婿，都上前相见。虽然路上辛苦，老太爷的脸色并不难看，两圈红晕停在他的额角。可是他不作声[4]，看看儿子、女儿，女婿，只点了一下头，便把眼睛闭上了。

这时候，和老太爷同来的四小姐蕙芳和七少爷阿萱也挤上那"公司船"。

"爸爸在路上好么？"

杜姑太太——吴二小姐，拉住了四小姐，轻声问。

"没有什么。只是老说头眩[5]。"

"赶快上汽车罢！福生，你去招呼一八八九号的新车子先开来。"

苏甫不耐烦似的说。让两位小姐围在老太爷旁边，苏甫和竹斋，阿萱就先走到码头上，一八八九号的车子开到了，藤椅子也上了岸，吴老太爷也被扶进汽车里坐定了，二小姐——杜姑太太跟着便坐在老太爷旁边。本来还是闭着眼睛的吴老太爷被二小姐身上的香气一刺激，便睁开眼来看一下，颤着声音慢慢地说：

"芙芳，是你么？要蕙芳来！蕙芳！还有阿萱！"

苏甫在后面的车子里听得了，略皱一下眉头，但也不说什么。老太爷的脾气古怪而且执拗[6]，苏甫和竹斋都知道。于是四小姐蕙芳和七少爷阿萱都进了老太爷的车子。二小姐芙芳舍不得离开父亲，便也挤在那里。两位小姐把老太爷夹在中间。马达声音响了，一八八九号汽车开路，已经动了，忽然吴老太爷又锐声叫了起来：

"《太上感应篇》[7]！"

这是裂帛[8]似的一声怪叫。在这一声叫喊中，吴老太爷的残余生命力似乎又复旺炽[9]了；他的老眼闪闪地放光，额角上的淡红色转为深朱，虽然他的嘴唇簌簌地抖着。

一八八九号的汽车夫立刻把车煞住，惊惶[10]地回过脸来。苏甫和竹斋的车子也跟着停止。大家都怔住[11]了。四小姐却明白老太爷要的是什么。她看见福生站在近旁，就唤他道：

"福生，赶快到云飞的大餐间里拿那部《太上感应篇》来！是黄绫子的书套！"

吴老太爷自从骑马跌伤了腿，终至成为半肢疯以来，就虔奉[12]《太上感应篇》，二十余年如一日；除了每年印赠而外，又曾恭楷[13]手抄一部，是他坐卧不离的。

一会儿，福生捧着黄绫子书套的《感应篇》来了。吴老太爷接过来恭恭敬敬摆在膝头，就闭了眼睛，干瘪[14]的嘴唇上浮出一丝放心了的微笑。

"开车！"

二小姐轻声喝，松了一口气，一仰脸把后腰靠在弹簧背垫上，也忍不住微笑。这时候，汽车愈走愈快，沿着北苏州路向东走，到了外白渡桥转变朝南，那三辆车便像一阵狂风，每分钟半英里，1930年式的新纪录。

坐在这样近代交通的利器[15]上，驱驰[16]于300万人口的东方大都市上海的大街，而却捧了《太上感应篇》，心里专念着文昌帝君[17]的"万恶淫为首，百善孝为先"的诰诚[18]，这矛盾是很显然的了。而尤其使这矛盾尖锐化的，是吴老太爷的真正虔奉《太上感应篇》，完全不同于上海的借善骗钱的"善棍"。可是30年前，吴老太爷却还是顶括括[19]的"维新党"。祖若[20]父两代侍郎，皇家的恩泽不可谓不厚，然而吴老太爷那时却是满腔子的"革命"思想。普遍于那时候的父与子的冲突，少年的吴老太爷也是一个主角。如果不是25年前习武骑马跌伤了腿，又不幸而渐渐成为半身不遂[21]的毛病，更不幸而接着又赋悼亡[22]，那么现在吴老太爷也许不至于整天捧着《太上感应篇》罢？然而自从伤腿以后，吴老太爷的英年浩气就好像是整个儿跌丢了；25年来，他就不曾跨出他的书斋半步！25年来，除了《太上感应篇》，他就不曾看过任何书报！25年来，他不曾经验过书斋以外的人生！第二代的"父与子的冲突"又在他自己和荪甫中间不可挽救地发生。而且如果说上一代的侍郎可算得又怪僻[23]，又执拗，那么，吴老太爷正亦不弱于乃翁；书斋便是他的堡寨，《太上感应篇》便是他的护身法宝，他坚决的拒绝了和儿子妥协，亦既有十年之久了！

虽然此时他已经坐在1930年式的汽车里，然而并不是他对儿子妥协。他早就说过，与其目击儿子那样的"离经叛道"的生活，倒不如死了好！他绝对不愿意到上海。荪甫向来也不坚持要老太爷来，此番因为土匪实在太嚣张[24]，而且邻省的共产党红军也有燎原之势，让老太爷高卧家园，委实是不妥当。这也是儿子的孝心。吴老太爷根本就不相信什么土匪，什么红军，能够伤害他这虔奉文昌帝君的积善老子！但是坐卧都要人扶持，半步也不能动的他，有什么办法？他只好让他们从他的"堡寨"里抬出来，上了云飞轮船，终于又上了这"子不语"的怪物——汽车。正像25年前是这该诅咒的半身不遂使他不能到底做成"维新党"，使他不得不对老侍郎的"父"屈服，现在仍是这该诅咒的半身不遂使他又不能"积善"到底，使他不得不对新式企业家的"子"妥协了！他就是那么样始终演着悲剧！

但毕竟尚有《太上感应篇》这护身法宝在他手上，而况四小姐蕙芳，七少爷阿萱一对金童玉女，也在他身旁，似乎虽入"魔窟"，亦未必竟堕"德行"，所以吴老太爷闭目养了一会神以后，渐渐泰然怡然[25]睁开眼睛来了。

汽车疯狂似的向前飞跑。吴老太爷向前看。天哪！几百个亮着灯光的窗洞像几百只怪眼睛，高耸碧霄的摩天建筑，排山倒海般地扑到吴老太爷眼前，忽地又没有了；光秃秃的平地拔立的路灯杆，无穷无尽地，一杆接一杆地，向吴老太爷脸前打来，忽地又没有了；长蛇阵似的一串黑怪物，头上都有一对大眼睛放射出叫人目眩的强光，啵——啵——地吼着，闪电似的冲将过来，准对着吴老太爷坐的小箱子冲将过来！近了！吴老太爷闭了眼睛，全身都抖了。他觉得他的头颅仿佛是在颈脖子上旋转；他眼前是红的，黄的，绿的，黑的，发光的，立方体的，圆锥形的——混杂的一团，在那里跳，在那里转；他耳朵里灌满了轰，轰，轰！轧，轧，轧！啵，啵，啵！猛烈嘈杂的声浪会叫人心跳出腔子[26]似的。

不知经过了多少时候，吴老太爷悠然转过一口气来，有说话的声音在他耳边动荡：

"四妹，上海也不太平呀！上月是公共汽车罢工，这月是电车了！上月底共产党在北京路闹事，捉了几百，当场打死了一个。共产党有枪呢！听三弟说，各工厂的工人也都不稳。随时可以闹事。时时想暴动。三弟的厂里，三弟公馆的围墙上，都写满了共产党的标语……"

"难道巡捕不捉吗？"

"怎么不捉！可是捉不完。啊呦！真不知道哪里来的这许多不要性命的人！——可是，四妹，你这一身衣服实在看了叫人笑。这还是十年前的装束！明天赶快换一身吧！"

是二小姐芙芳和四小姐蕙芳的对话。吴老太爷猛睁开了眼睛，只见左右前后都是像他自己所坐的那种小箱子——汽车。都是静静地一动也不动。横在前面不远，却像开了一道河似的，从南到北，又从北到南，匆忙地杂乱地交流着各色各样的车子；而夹在车子中间，又有各色各样的男人女人，都像有鬼赶在屁股后似的跌跌撞撞地快跑。不知从什么高处射来的一道红光，又正落在吴老太爷身上。

这里正是南京路同河南路的交叉点，所谓"抛球场"。东西行的车辆此时正在那里静候指挥交通的红绿灯的命令。

"二姊，我还没见过三嫂子呢。我这一身乡气，会惹她笑痛了肚子吧。"

蕙芳轻声说，偷眼看一下父亲，又看看左右前后安坐在汽车里的时髦女人。芙芳笑了一声，拿出手帕来抹一下嘴唇。一股浓香直扑进吴老太爷的鼻子，痒痒地似乎怪难受。

"真怪呢！四妹。我去年到乡下去过，也没看见像你这一身老式的衣裙。"

"可不是。乡下女人的装束也是时髦得很呢，但是父亲不许我——"

像一枝尖针刺入吴老太爷迷惘[27]的神经，他心跳了。他的眼光本能地瞥到二小姐芙芳的身上。他第一次意识地看清楚了二小姐的装束；虽则尚在五月，却因今天骤然闷热，二小姐已经完全是夏装；淡蓝色的薄纱紧裹着她的壮健的身体，一对丰满的乳房很显明地突出来，袖口缩在臂弯以上，露出雪白的半只臂膊。一种说不出的厌恶，突然塞满了吴老太爷的心胸，他赶快转过脸去，不提防[28]扑进他视野的，又是一位半裸体似的只穿着亮纱坎肩，连肌肤都看得分明的时装少妇，高坐在一辆黄包车上，翘起了赤裸裸的一只白腿，简直好像没有穿裤子。"万恶淫为首！"这句话像鼓槌一般打得吴老太爷全身发抖。然而还不止此。吴老太爷眼珠一转，又瞥见了他的宝贝阿萱却正张大了嘴巴，出神地贪看那位半裸体的妖艳少妇呢！老太爷的心噗地一下狂跳，就像爆裂了似的再也不动，喉间是火辣辣地，好像塞进了一大把的辣椒。

此时指挥交通的灯光换了绿色，吴老太爷的车子便又向前进。冲开了各色各样车辆的海，冲开了红红绿绿的耀着肉光的男人女人的海，向前进！机械的骚音，汽车的臭屁，和女人身上的香气，霓虹电管的赤光———一切梦魇[29]似的都市的精怪[30]，毫无怜悯地压到吴老太爷朽弱的心灵上，直到他只有目眩，只有耳鸣，只有头晕！直到他的刺激过度的神经像要爆裂似的发痛，直到他的狂跳不歇的心脏不能再跳动！

呼噜呼噜的声音从吴老太爷的喉间发出来，但是都市的骚音太大了，二小姐，四小姐和阿萱都没有听到。老太爷的脸色也变了。但是在不断的红绿灯光的映射中，谁也不能辨别谁的脸色有什么异样。

汽车是旋风般向前进。已经穿越了西藏路，在平坦的静安寺路上开足了速率。路旁隐在绿阴中射出一点灯光的小洋房连排似的扑过来，一眨眼就过去了。五月夜的凉风吹在车窗上，猎猎地响。四小姐蕙芳像是摆脱了什么重压似的松一口气，对阿萱说：

"七弟，这可长住在上海了。究竟上海有什么好玩，我只觉得乱哄哄地叫人头痛。"

"住惯了就好了。近来是乡下土匪太多，大家都搬到上海来。四妹，你看这一路的新房子，都是这两年内新盖起来的。随你盖多少新房子，总有那么多的人来住。"

二小姐接着说，打开她的红色皮包，取出一个粉扑，对着皮包上装就的小镜子便开始化起妆来。

"其实乡下也还太平。谣言还没有上海那么多。七弟，是吗？"

"太平？不见得吧！两星期前开来了一连兵，刚到关帝庙里驻扎好了，就向商会里要五十个年轻的女人——补洗衣服；商会说没有，那些八太爷就自己出来动手拉。我们隔壁开水果店的陈家嫂不是被他们拉了去吗？我们家的陆妈也是好几天不敢出大门……"

"真作孽[31]！我们在上海一点不知道。我们只听说共产党要掳女人去共。"

"我在镇上就不曾见过半个共军。就是那一连兵，叫人头痛！"

"吓，七弟，你真糊涂！等到你也看见，那还了得！竹斋说，现在的共产党真厉害，九流三教里，到处全有。防不胜防。直到像雷一样打到你眼前，你才觉到。"

这么说着，二小姐就轻轻吁一声。四小姐也觉得毛骨悚然[32]。只有不很懂事的阿萱依然张大了嘴胡胡地笑。他听得二小姐把共产党说成了神出鬼没似的，便觉得非常有趣。"会像雷一样的打到你眼前来吗？莫不是有了妖术吧！"他在肚子里自问自答。这位七少爷今年虽已19岁，虽然长得极漂亮，却因为一向就做吴老太爷的"金童"，很有几分傻。

此时车上的喇叭突然呜呜地叫了两声，车子向左转，驶入一条静荡荡的浓阴夹道的横马路，灯光从树叶的密层中洒下来，斑斑驳驳地落在二小姐他们身上。车子也走得慢了。二小姐赶快把化妆皮包收拾好，转脸看着老太爷轻声说：

"爸爸，快到了。"

"爸爸睡着了！"

"七弟，你喊得那么响！二姊，爸爸闭了眼睛养神的时候，谁也不敢惊动他！"

但是汽车上的喇叭又是呜呜地连叫三声，最后一声拖了个长尾巴。这是暗号。前面一所大洋房的两扇乌油大铁门霍地荡开，汽车就轻轻地驶进门去。阿萱猛的从座位上站起来，看见苏甫和竹斋的汽车也衔接着进来，又看见铁门两旁站着四五个当差，其中有武装的巡捕。接着，砰——的一声，铁门就关上了。此时汽车在花园里的柏油路上走，发出细微的丝丝的声音。黑森森的树木夹在柏油路两旁，三三两两的电灯在树阴间闪烁。蓦地[33]车又转弯，眼前一片雪亮，耀的人眼花，五开间三层楼的一座大洋房在前面了。从屋子里散射出来的无线电音乐在空中回响，咕——的一声，汽车停下。

有一个清脆的声音在汽车旁边叫：

"太太！老太爷和老爷他们都来了！"

从眩晕的突击中方始[34]清醒过来的吴老太爷吃惊似的睁开了眼睛。但是紧抓住了这位老太爷的觉醒意识的第一刹那却不是别的，而是刚才停车在"抛球场"时七少爷阿萱贪婪地看着那位半裸体似的妖艳少妇的那种邪魔的眼光，以及四小姐蕙芳说的那一句"乡下女人装束也时髦得很呢，但是父亲不许我——"的声浪。

刚一到上海这"魔窟"，吴老太爷的"金童玉女"就变了！

无线电音乐停止了，一阵女人的笑声从那五开间洋房里送出来，接着是高跟皮鞋错落地阁阁地响，两三个人形跳着过来，内中有一位粉红色衣服，长身玉立的少妇，袅着细腰抢到吴老太爷的汽车边，一手拉开了车门，娇声笑着说：

"爸爸，辛苦了！二姊，这是四妹和七弟吗？"

同时就有一股异常浓郁使人窒息的甜香，扑头压住了吴老太爷。而在这香雾中，吴老太爷看见一团蓬蓬松松的头发乱纷纷地披在白中带青的圆脸上，一对发光的滴溜溜转动的黑眼睛，下面是红得可怕的两片嘻开的嘴唇。蓦地这披头发扭了一扭，又响出银铃似的声音：

"苏甫！你们先进去。我和二姊扶老太爷！四妹，你先下来！"

吴老太爷集中全身最后的生命力摇一下头。可是谁也没有理他。四小姐擦着那披发头下去了。二小姐挽住老太爷的左臂，阿萱也从旁帮一手，老太爷身不由主的便到了披发头的旁边了，就有一条滑腻的臂膊箍住了老太爷的腰部，又是一串艳笑，又是兜头扑面的香气。吴老太爷的心只是发抖，《太上感应篇》紧紧地抱在怀里。有这样的意思在他的快要炸裂的脑神经里通过："这简直是夜叉，是鬼！"

超乎一切以上的憎恨和愤怒忽然给予吴老太爷以长久未有的力气。仗着二小姐和吴少奶奶的半扶半抱，他很轻松的上了五级的石阶，走进那间灯火辉煌的大客厅了。满客厅的人！迎面上前的是苏甫和竹斋。忽然又飞跑来两个青年女郎，都是披着满头长发，围住了吴老太爷叫唤问好。她们嘈杂地说着笑着，簇拥着老太爷到一张高背沙发椅里坐下。

吴老太爷只是瞪出了眼睛看。憎恨，愤怒，以及过度刺激，烧得他的脸色变为青中带紫。他看见满客厅是五颜六色的电灯在那里旋转，旋转，而且愈转愈快。近他旁边有一个怪东西，是浑圆的一片金光，嘀嘀地响着，徐徐向左右移动，吹出了叫人气噎[35]的猛风，像是什么金脸的妖怪在那里摇头作法。而这金光也愈摇愈大，塞满了全客厅，弥漫了全空间了！一切红的绿的电灯，一切长方形，椭圆形，多角形的家具，一切男的女的人们，都在这金光中跳着转着。粉红色的吴少奶奶，苹果绿色的一位女郎，淡黄色的又一女郎，都在那里疯狂地跳，跳！她们身上的轻绡[36]掩不住全身肌肉的轮廓，高耸的乳峰，嫩红的乳头，腋下的细毛！无数的高耸的乳峰，颤动着，颤动着的乳峰，在满屋子里飞舞了！而夹在这乳峰的舞阵中间的，是荪甫的多疱[37]的方脸，以及满是邪魔的阿萱的眼光。突然吴老太爷又看见这一切颤动着飞舞着的乳房像乱箭一般射到他胸前，堆积起来，堆积起来，重压着，重压着，压在他胸脯上，压在那部摆在他膝头的《太上感应篇》上，于是他又听得狂荡的艳笑，房屋摇摇欲倒。

"邪魔呀！"吴老太爷似乎这么喊，眼里迸出金花。他觉得有千万斤压在他胸口，觉得脑袋里有什么东西爆裂了，碎断了；猛的拔地长出两个人来，粉红色的吴少奶奶和苹果绿色的女郎，都嘻开了血色的嘴唇像要咬来。吴老太爷脑壳里梆的一响，两眼一翻，就什么都不知道了。

"表叔！认得我么？素素，我是张素素呀！"

站在吴老太爷面前的穿苹果绿色 Grafton[38] 轻绡的女郎兀自[39]笑嘻嘻地说，可是在她旁边捧着一杯茶的吴少奶奶蓦地惊叫了一声，茶杯掉在地下。满客厅的人都一跳！死样沉寂的一刹那！接着是暴雷般地脚步声，都拥到吴老太爷的身边来了。十几张嘴同时在问在叫。吴老太爷脸色像纸一般白，嘴唇上满布着白沫，头颅歪垂着。黄绫套子的《太上感应篇》啪的一声落在地下。

课文注释

1. 节选自《子夜》第一章（《茅盾全集》第三卷，人民文学出版社，1984）。

2. 茅盾：（1896—1981），原名沈德鸿，字雁冰，浙江桐乡人。现代著名作家、社会活动家。代表作有长篇小说《子夜》、《蚀》三部曲（《幻灭》、《动摇》、《追求》），短篇小说《农村三部曲》（《春蚕》、《秋收》、《残冬》）、《林家铺子》，散文《白杨礼赞》、《风景谈》。著有《茅盾全集》，共 40 卷。

3. 藤椅：是指有藤座或藤背的椅子。藤椅采用粗藤制成各种椅子架体，用藤皮、藤芯、藤条等缠扎架作制成的各种椅子。

4. 不作声：不说话。

5. 头眩：即眩晕，是目眩和头晕的总称，以眼花、视物不清和昏暗发黑为眩；以视物旋转，或如天旋地转不能站立为晕，因两者常同时并见，故称眩晕。

6. 执拗（niù）：形容固执任性，坚持己见，听不进去别人的意见。

7. 太上感应篇：民间流传的道教经书之一。讲天人感应和因果报应，以儒家道德规范和道、释宗教规戒为立身处世的规则，宣称照书行事，必获善报。

8. 裂帛（bó）：形容声音像撕帛一样清厉。

9. 旺炽：旺盛，有活力。

10. 惊惶（huáng）：指惊慌，惶恐，举止失去常态。

11. 怔住：发呆，惊呆了。

12. 虔奉：诚敬地信奉。

13. 恭楷：工整的楷书。

14. 干瘪（biě）：干枯收缩，不丰满。

15. 利器：精良、有效的工具。

16. 驱驰：像马一样被驱使奔驰。

17. 文昌帝君：中国古代传说中主宰天下文教之神。

18. 诰（gào）诫：帝王对臣民的警告劝诫。诰，告诉（用于上对下）。

19. 顶括（guā）括：现一般写作"顶呱呱"。

20. 若：和，及。

21. 半身不遂：又叫偏瘫，指半边身体不能随意转动。遂，通"随"，顺从。

22. 赋悼亡：指代死了妻子。

23. 怪僻：古怪孤僻。

24. 嚣（xiāo）张：放肆、跋扈。形容邪恶的势力上涨，放肆。

25. 泰然怡然：形容心情安定、安适自在的样子。

26. 腔子：胸腔，躯体。

27. 迷惘：指迷惑失措，神经错乱失常。

28. 提（dī）防：小心防备，警惕。

29. 梦魇：俗称鬼压床，指在睡眠时，因梦中受惊吓而喊叫；或觉得有什么东西压在身上，不能动弹。常用来比喻经历过的可怕的事情。

30. 精怪：迷信传说里所说多年的鸟兽草木等变成的妖怪。

31. 作孽：做坏事，造孽。

32. 毛骨悚（sǒng）然：悚然，害怕的样子。形容十分恐惧。

33. 蓦（mò）地：突然地，出乎意料地。

34. 方始：方才，才开始。

35. 气噎（yē）：气息哽噎，指气得说不出话。

36. 轻绡（xiāo）：一种透明而有花纹的丝织品。

37. 疱：皮肤上长的像水泡的小疙瘩。

38. Grafton：一种名贵的外国纱。

39. 兀（wù）自：仍旧，还是。

课后练习

一、阅读课文，梳理人物关系，思考以下问题。

1. 二三十年前的吴老太爷曾是"顶括括的'维新党'"，却最终"不得不对老侍郎的'父'屈服"。为什么？

2. 二三十年后，"古怪而且执拗"的吴老太爷又与"新式企业家的'子'"发生了冲突，且以离乡进城的"妥协"而告终。又说明了什么？

3. 想一想，这种"父与子的冲突"与我们今天常说的"代沟"有何异同？

4. 为什么蜗居乡下25年的吴老太爷一进入现代大都市的上海就猝然死去？

二、请你从课文中找出若干个能显现20世纪30年代中国时代特征与都市景观的句子。想一想，这些环境描写对刻画人物、深化主题有怎样的作用。

三、利用课余时间通读《子夜》。想一想，作者为什么要塑造吴老太爷这一人物，并将他的死安排在小说的第一章？再想一想，《子夜》这部小说以"子夜"为书名的含义。谈谈你的看法。

第四单元　议论文

十、拿来主义[1]

鲁　迅

阅读提示

"拿来主义"是鲁迅先生创造的词语。什么叫"拿来主义"呢？为什么对文化遗产必须采取"拿来"的态度呢？这就是我们学习这篇文章要弄明白的问题。

本文写于一九三四年六月四日。"九·一八"事变之后，日本帝国主义把魔爪伸向华北，蒋介石反动统治集团越来越依附英美帝国主义，肆无忌惮地出卖民族利益，讨好帝国主义，从政治、经济、文化艺术方面奉行一条彻头彻尾的卖国投降路线。英美帝国主义除了肆意践踏我国领土主权，疯狂掠夺我国经济资源外，还用腐朽没落的西方文化腐蚀我国人民，反动政府和帝国主义互相勾结，一个"送去"，一个"送来"，中国面临着"殖民地化"的严重危机。

长期以来，由于中国政治、经济、文化上的落后，各帝国主义不断输入鸦片、枪炮、香粉、电影及各种小东西进行军事、经济、文化侵略，因而使清醒的青年们对于外来的东西"发生了恐怖"，产生了一种盲目排外的思想，不能正确对待外国的东西。当时上海《文学》月刊正在讨论如何对待"文学遗产"问题，在讨论中存在着"全盘肯定"和"全盘否定"两种错误倾向。鲁迅感到，由于帝国主义的侵略和反动政府的媚外，造成了民族文化的严重危机，同时革命内部在对待中外文化遗产的问题上存在着相当混乱的观点。针对这些情况，鲁迅写了《拿来主义》一文，揭露了帝国主义侵略政策和反动派的卖国罪行，阐明了无产阶级正确对待中外文化遗产的基本观点。

中国一向是所谓"闭关主义"，自己不去，别人也不许来。自从给枪炮打破了大门之后，又碰了一串钉子，到现在，成了什么都是"送去主义"了。别的且不说罢，单是学艺上的东西，近来就先送一批古董到巴黎去展览[2]，但终"不知后事如何"；还有几位"大师"们捧着几张古画和新画，在欧洲各国一路的挂过去，叫作"发扬国光"[3]。听说不远还要送梅兰芳博士到苏联去，以催进"象征主义"[4]，此后是顺便到欧洲传道。我在这里不想讨论梅博士演艺和象征主义的关系，总之，活人替代了古董，我敢说，也可以算得显出一点进步了。

但我们没有人根据了"礼尚往来"的仪节，说道：拿来！

当然，能够只是送出去，也不算坏事情，一者见得丰富，二者见得大度。尼采[5]就自诩过他是太阳，光热无穷，只是给与，不想取得。然而尼采究竟不是太阳，他发了疯。中国也不是，虽然有人说，掘起地下的煤来，就足够全世界几百年之用，但是，几百年之后呢？几百年之后，我们当然是化为魂灵，或上天堂，或落了地狱，但我们的子孙是在的，所以还应该给他们留下一点礼品。要不然，则当佳节大典之际，他们拿不出东西来，只好磕头贺喜，讨一点残羹冷炙做奖赏。这种奖赏，不要误解为"抛来"的东西，这是"抛给"的，说得冠冕些，可以称之为"送来"，我在这里不想举出实例[6]。

我在这里也并不想对于"送去"再说什么，否则太不"摩登"了。我只想鼓吹我们再吝啬一点，"送去"之外，还得"拿来"，是为"拿来主义"。

但我们被"送来"的东西吓怕了。先有英国的鸦片，德国的废枪炮，后有法国的香粉，美国的电影，日本的印着"完全国货"的各种小东西。于是连清醒的青年们，也对于洋货发生了恐怖。其实，这正是因为那是"送来"的，而不是"拿来"的缘故。

所以我们要运用脑髓，放出眼光，自己来拿！

譬如罢，我们之中的一个穷青年，因为祖上的阴功（姑且让我这么说说罢），得了一所大宅子，且不问他是骗来的，抢来的，或合法继承的，或是做了女婿换来的[7]。那么，怎么办呢？我想，首先是不管三七二十一，"拿来"！但是，如果反对这宅子的旧主人，怕给他的东西染污了，徘徊不敢走进门，是孱头；勃然大怒，放一把火烧光，算是保存自己的清白，则是昏蛋。不过因为原是羡慕这宅子的旧主人的，而这回接受一切，欣欣然的蹩进卧室，大吸剩下的鸦片，那当然更是废物。"拿来主义"者是全不这样的。

他占有，挑选。看见鱼翅，并不就抛在路上以显其"平民化"，只要有养料，也和朋友们像萝卜白菜一样的吃掉，只不用它来宴大宾；看见鸦片，也不当众摔在茅厕里，以见其彻底革命，只送到药房里去，以供治病之用，却不弄"出售存膏，售完即止"的玄虚。只有烟枪和烟灯，虽然形式和印度，波斯，阿剌伯的烟具都不同，确可以算是一种国粹，倘使背着周游世界，一定会有人看，但我想，除了送一点进博物馆之外，其余的是大可以毁掉的了。还有一群姨太太，也大可以请她们各自走散为是，要不然，"拿来主义"怕未免有些危机。

总之，我们要拿来。我们要或使用，或存放，或毁灭。那么，主人是新主人，宅子也就会成为新宅子。然而首先要这人沉着，勇猛，有辨别，不自私。没有拿来的，人不能自成为新人，没有拿来的，文艺不能自成为新文艺。

六月四日。

课文注释

1. 选自《鲁迅全集》第六卷《且介亭杂文》。本篇最初发表于一九三四年六月七日《中华日报·动向》，署名霍冲。

2. 指当时国民党政府在巴黎举办的中国古典艺术展览。

3. "发扬国光"一九三二年至一九三四年间，美术家徐悲鸿、刘海粟曾分别去欧洲一些国家举办中国美术展览或个人美术作品展览。"发扬国光"是一九三四年五月二十八日《大晚报》报道这些消息时的用语。

4. "象征主义"一九三四年五月二十八日《大晚报》报道："苏俄艺术界向分写实与象征两派，现写实主义已渐没落，而象征主义则经朝野一致提倡，引成欣欣向荣之概。自彼邦艺术家见我国之书画作品深合象征派后，即忆及中国戏剧亦必采取象征主义。因拟……邀中国戏曲名家梅兰芳等前往奏艺。"鲁迅曾在《花边文学·谁在没落》一文中批评《大晚报》的这种歪曲报道。

5. 尼采（FNietzsche，1844—1900）德国哲学家，唯意志论和"超人"哲学的鼓吹者。这里所述尼采的话，见于他的《札拉图斯特拉如是说·序言》。

6. 一九三三年六月四日，国民党政府和美国在华盛顿签订五千万美元的"棉麦借款"，购买美国的小麦、面粉和棉花。这里指的可能是这一类事。

7. 这里是讽刺做了富家翁的女婿而炫耀于人的邵洵美等人。

课后练习

1. 用"只好磕头贺喜，讨一点残羹冷炙做奖赏"作比喻为说明（　　　　　　）。（15个字以内）

2. 简要解释"运用脑髓""放出眼光""自己来拿"的含义。

3. 试分析下列语言的形象性。

（1）还有几位"大师"们捧着几张古画和新画，在欧洲各国一路的挂过去，叫做"发扬国光"。

（2）看见鱼翅，并不就抛在路上以显其"平民化"，只要有养料，也和朋友们像萝卜白菜一样的吃掉，只不用它来宴大宾。

（3）尼采就自诩过他是太阳，光热无穷，只有给予，不想取得。然而尼采究竟不是太阳，他发了疯。

（4）磕头贺喜，讨一点残羹冷炙做奖赏。

4. 阅读下面的语段，完成文后问题。

譬如罢，我们之中的一个穷青年，因为祖上的阴功（姑且让我这么说说罢），得了一所大宅子，且不问他是骗来的，抢来的，或合法继承的，或是做了女婿换来的。那么，怎么办呢？我想，首先是不管三七二十一，"拿来"！但是，如果反对这宅子的旧主人，怕给他的东西染污了，徘徊不敢走进门，是孱头；勃然大怒，放一把火烧光，算是保存自己的清白，则是昏蛋。不过因为原是羡慕这宅子的旧主人的，而这回接受一切，欣欣然的蹩进卧室，大吸剩下的鸦片，那当然更是废物。"拿来主义"者是全不这样的。

（1）文中的"大宅子"指代_____，这里用的是_____论证方法，批判了_____。

（2）"且不问他是骗来的，抢来的，或合法继承的，或是做了女婿换来的。"这一句在文中的意义正确的是（　　　）

A. 介绍得到"大宅子"的几种途径。

B. 讽刺做了富翁女婿而炫耀于人的邵洵美之流。

C. 强调对于文化遗产的无条件接受。

D. 讽刺批判某些人为得到"大宅子"的不择手段。

（3）根据课文观点，指出下列词语所指代的内容。

孱头：　　　　　　　　昏蛋：　　　　　　　废物：

十一、美腿与丑腿

［美国］ 富兰克林

阅读提示

阅读本文，要把握作者的主要观点，并了解文章的论证过程；掌握并列式标题的写作特点；培养自主学习、探究问题、延伸拓展的能力；培养交流讨论，合作学习的能力。了解富兰克林的生平、成就及其伟大人格，理解文中所写的两种人的不同的生活态度，培养学生积极、乐观、向上的人生态度。

世界上有两种人，他们的健康、财富，以及生活上的各种享受大致相同，结果，一种人是幸福的另一种却得不到幸福。他们对物、对人，和对事的观点不同，那些观点对于他们心灵上的影响因此也不同，苦果的分野主要的也就在此。

一个人无论处于什么地位，遭遇总是有顺利有不顺利；无论在什么交际场合，所接触到的人物和谈吐，总有讨人欢喜和不讨人欢喜的，菜肴也有煮得好煮得坏；无论在什么地带，天气总是有晴有雨；无论什么征服，它的法律总是有好的，也有不好的，而法律施行也有好有坏。天才所写的诗文，里面有美点，但也总可以找到若干瑕疵。差不多每一张脸上，总可以找到优点和缺陷，差不多每一个人都有他的长处，也有他的短处。

在这些情形之下，上面所说两种人的注意目标恰好相反；乐观的人所注意的只是顺利的际遇、谈话之中有趣的部分、精制的佳肴、美味的好酒、晴朗的天气等等，同时尽情享乐。悲观的人所想的和所谈的却只是坏的一面。因此他们永远感到快快不乐，他们的言论在社交场所既大煞风景，个别的还得罪许多人，以致他们到处和人格格不相入。如果这种性情是天性的，这些快快不乐的人倒是更堪怜悯。但那种吹毛求疵令人厌恶的脾气也许根本从模仿而来，于不知不觉中养成了习惯。假若悲观的人能够知道他们的恶习对于他们一生幸福有如何不良的影响，那么即使恶习已经到了根深蒂固的程度，也还是可以矫正的。我希望这一点忠告可能对悲观的人有所帮助，促使他们去除恶习；这种恶习实际上虽然只是一种态度，一种心理行为，但是它却能造成终生的严重后果，带来真的悲哀与不幸。他们得罪了大家，大家谁也不喜欢他们，至多以极平常的礼貌和敬意跟他们敷衍，有时甚至连极平常的礼貌和敬意都谈不到。他们常常因此很气愤，引起种种争执。他们如想地位改造或财富增加，别人谁也不会希望他们成功，没有人肯为成全他们的抱负而出力或出言。如果他们遭受到公众的责难或羞辱，也没有人肯为他们的过失辩护或予以原谅；许多人还要夸大其词地同声攻击，把他们骂得体无完肤。如果这些人不愿矫正恶习，不肯迁就，不肯喜欢一切别人认为可爱的东西，而是总是怨天尤人，为一切不可爱的东西寻烦恼，那么大家还是避免和他们交往的好；因为这种人总是和人难以相处，一旦你发觉自己被牵缠在他们的争吵中时，你将感到很大的麻烦。

我有一位研究哲学的老朋友，由于饱经世故，时时谨慎、留神、避免和这种人亲近。他像一般哲学家一样，仅有一具显示气温的寒暑表，和一具预示晴雨的气压计；但什么人有这种坏脾气，世界上还没有人发明什么仪器，可以使他一看便知，因此他就利用他的两条腿；一条长得非常好看，另一条却因曾逢意外事件而呈畸形。陌生人初次和他见面，如果对他的丑腿比对他的好腿更为注意，他就有所疑忌。如果此人只谈起那条丑腿，不注意那条好腿，这就足以使我的朋友决定不再和他作进一步的交往。这样一付大腿仪器并非人人都有，但是只要稍为留心；那种有吹毛求疵恶习之流的一些行迹，大家都能看出来，从而可以决定避免和他们交往。因此我劝告那些性情奇酷、怨愤不平，和郁郁寡欢的人，如果他们希望能受人敬爱而自得其乐，他们就不可再去注意人家丑腿了。

课后练习

1. 本文的论点是什么？（用一句话概括）
2. 作者是如何论证自己的观点的？
3. 第二、三两段之间是什么关系？
4. 在第三段里，作者是如何讲道理的？重点在哪里？
5. 作者认为悲观产生的原因可能有哪些？他强调的是哪一点？

十二、做一个努力的人

阅读提示

　　阅读本文时，要把握作者的主要观点，并了解文章的论证过程；掌握并列式标题的写作特点；培养自主学习、探究问题、延伸拓展的能力；培养交流讨论，合作学习的能力。

　　有一次，在我参加的一个晚会上，主持人问一个小男孩：你长大以后要做什么样的人？孩子看看我们这些企业家，然后说：做企业家。在场的人忽地笑着鼓起了掌。我也拍了拍手，但听着并不舒服。我想，这孩子对于企业究竟知道多少呢？他是不是因为当着我们的面才说要当企业家的呢？他是不是受了大人的影响，以为企业家风光，都是有钱的人，才要当企业家的呢？

　　这一切当然都是一个谜。但不管怎样，作为一个人的人生志向，我以为当什么并不重要；不管是谁，最重要的是从小要立志做一个努力的人。

　　我小的时候也曾有人问过同样的问题，我的回答不外乎当教师、解放军和科学家之类。时光一晃流走了二十多年，当年的孩子，如今已是四十出头的大人。但仔细想一想，当年我在大人们跟前表白过的志向，实际一个也没有实现。我身边的其他人差不多也是如此。有的想当教师，后来却成了个体户；想当解放军的，竟做了囚犯。我上大学时有两个同窗好友，他们现在都是我国电子行业里才华出众的人，一个成长为康佳集团的老总，一个领导着 TCL 集团。我们三个不期而然地成为中国彩电骨干企业的经营者，可是当年大学毕业时，无论有多大的想象力，我们也不敢想十几年后会成现在的样子。一切都是我们在奋斗中见机行事，一步一步努力得来的。与其说我们是有理想的人，不如说我们是一直在努力的人。

　　并非我们不重视理想，而是因为树雄心壮志易，为理想努力难，人生自古就如此。

有谁会想到，十多年前的今天，我曾是一个在街头彷徨，为生存犯愁的人？当时的我，一无所有，前途渺茫，真不知路在何处。然而，我却没有灰心失望，回想起来，支撑着我走过这段坎坷岁月的正是我的意志品格。当许多人以为我已不行、该不行了的时候，我仍做着从地上爬起来的努力，我坚信人生就像马拉多纳踢球，往往是在快要倒下去的时候，以"进球"获得生机的。事实也正是如此，就在"山重水复疑无路"的时候，香港一家企业倒闭给了我东山再起的机会，使我能够与掌握世界最新技术的英国科技人员合作，开发技术先进的彩色电视机，从此一举走出困境。

有人说，"努力"与"拥有"是人生一左一右的两道风景。但我以为，人生最美最不能逊色的风景应该是努力。努力是人生的一种精神状态，是对生命的一种赤子之情。努力是拥有之母，拥有是努力之子。一心努力可谓条条大路通罗马，只想获取可谓道路逼仄，天地窄小。所以，与其规定自己一定要成为一个什么样的人物，获得什么东西，不如磨炼自己做一个努力的人。志向再高，没有努力，志向终难坚守；没有远大目标，因为努力，终会找到奋斗的方向。做一个努力的人，可以说是人生最切实际的目标，是人生最大的境界。

许多人因为给自己定的目标太高太功利，因为难以成功而变得灰头土脸，最终灰心失望。究其原因，往往就是因为太关注拥有，而忽略做一个努力的人。对于今天的孩子们，如果只关注他们将来该做个什么样的人物，不把意志品质作为一个做人的目标提出来，最终我们只能培养出狭隘、自私、脆弱和境界不高的人。遗憾的是，我们在这方面做得并不尽如人意。

课后练习

1. 试说明"我的意志品质"在文中的含义。

2. 为什么说"作为一个人的人生志向，我以为当什么并不重要"？

3. 本文为什么从"我参加的一个晚会"写起？

4. 文章结尾说："遗憾的是，我们在这方面做得并不尽如人意。"其中"这方面"具体指什么？试联系实际，谈谈你对作者这个"遗憾"的认识。

第五单元　戏　剧

十三、雷雨（节选）

曹　禺[1]

阅读提示

　　本文节选自曹禺的成名剧作《雷雨》。作品通过描写一个封建色彩浓厚的资本家周朴园家庭中的矛盾、斗争、纠葛，深刻地揭示了封建大家庭的腐朽，揭露了资本家的罪恶，反映了正在酝酿着一场"雷雨"的 20 世纪 20 年代末 30 年代初中国的社会现实。

　　本文节选的部分，包括两场戏：周朴园与鲁侍萍的一段相遇、周家父子与鲁家母子的相遇。文章矛盾冲突尖锐，人物语言特色鲜明的反映了人物的性格，这些都需要读者仔细体会。

　　午饭后，天气更阴沉，更郁热。低沉潮湿的空气，使人异常烦躁……周朴园（点着一支吕宋烟[2]，看见桌上的雨衣，向侍萍）这是太太找出来的雨衣么？

　　鲁侍萍：（看着他）大概是的。

　　周朴园：不对，不对，这都是新的。我要我的旧雨衣，你回头跟太太说。

　　鲁侍萍：嗯。

　　周朴园：（看她不走）你不知道这间房子底下人不准随便进来么？

　　鲁侍萍：不知道，老爷。

　　周朴园：你是新来的下人？

　　鲁侍萍：不是的，我找我的女儿来的。

　　周朴园：你的女儿？

　　鲁侍萍：四凤是我的女儿。

　　周朴园：那你走错屋子了。

鲁侍萍：哦。——老爷没有事了？

周朴园：（指窗）窗户谁叫打开的？

鲁侍萍：哦。（很自然地走到窗前，关上窗户，慢慢地走向中门）。

周朴园：（看她关好窗门，忽然觉得她很奇怪）你站一站。

侍萍停。

周朴园：你——你贵姓？

鲁侍萍：我姓鲁。

周朴园：姓鲁。你的口音不像北方人。

鲁侍萍：对了，我不是，我是江苏的。

周朴园：你好像有点无锡口音。

鲁侍萍：我自小就在无锡长大的。

周朴园：（沉思）无锡？嗯，无锡，（忽而）你在无锡是什么时候？

鲁侍萍：光绪二十年，离现在有三十多年了。

周朴园：哦，三十年前你在无锡？

鲁侍萍：是的，三十多年前呢，那时候我记得我们还没有用洋火呢。

周朴园：（沉思）三十多年前，是的，很远啦，我想想，我大概是二十多岁的时候。那时候我还在无锡呢。

鲁侍萍：老爷是那个地方的人？

周朴园：嗯，（沉吟）无锡是个好地方。

鲁侍萍：哦，好地方。

周朴园：你三十年前在无锡么？

鲁侍萍：是，老爷。

周朴园：三十年前，在无锡有一件很出名的事情——

鲁侍萍：哦。

周朴园：你知道么？

鲁侍萍：也许记得，不知道老爷说的是哪一件？

周朴园：哦，很远了，提起来大家都忘了。

鲁侍萍：说不定，也许记得的。

周朴园：我问过许多那个时候到过无锡的人，我也派人到无锡打听过。可是那个时候在无锡的人，到现在不是老了就是死了。活着的多半是不知道的，或者忘了。不过也许你会知道。三十年前在无锡有一家姓梅的。

鲁侍萍：姓梅的？

周朴园：梅家的一个年轻小姐，很贤惠，也很规矩。有一天夜里，忽然地投水死了。后来，后来，——你知道么？

鲁侍萍：不敢说。

周朴园：哦。

鲁侍萍：我倒认识一个年轻的姑娘姓梅的。

周朴园：哦？你说说看。

鲁侍萍：可是她不是小姐，她也不贤惠，并且听说是不大规矩的。

周朴园：也许，也许你弄错了，不过你不妨说说看。

鲁侍萍：这个梅姑娘倒是有一天晚上跳的河，可是不是一个。她手里抱着一个刚生下三天的男孩。听人说她生前是不规矩的。

周朴园：（苦痛）哦！

鲁侍萍：她是个下等人，不很守本分的。听说她跟那时周公馆的少爷有点不清白，生了两个儿子。生了第二个，才过三天，忽然周少爷不要她了。大孩子就放在周公馆，刚生的孩子她抱在怀里，在年三十夜里投河死的。

周朴园：（汗涔涔地）哦。

鲁侍萍：她不是小姐，她是无锡周公馆梅妈的女儿，她叫侍萍。

周朴园：（抬起头来）你姓什么？

鲁侍萍：我姓鲁，老爷。

周朴园：（喘出一口气，沉思地）侍萍，侍萍，对了。这个女孩子的尸首，说是有一个穷人见着埋了。你可以打听到她的坟在哪儿么？

鲁侍萍：老爷问这些闲事干什么？

周朴园：这个人跟我们有点亲戚。

鲁侍萍：亲戚？

周朴园：嗯，——我们想把她的坟墓修一修。

鲁侍萍：哦，——那用不着了。

周朴园：怎么？

鲁侍萍：这个人现在还活着。

周朴园：（惊愕[3]）什么？

鲁侍萍：她没有死。

周朴园：她还在？不会吧？我看见她河边上的衣服，里面有她的绝命书。

鲁侍萍：她又被人救活了。

周朴园：哦，救活啦？

鲁侍萍：以后无锡的人是没见着她，以为她那夜晚死了。

周朴园：那么，她呢？

鲁侍萍：一个人在外乡活着。

周朴园：那个小孩呢？

鲁侍萍：也活着。

周朴园：（忽然立起）你是谁？

鲁侍萍：我是这儿四凤的妈，老爷。

周朴园：哦。

鲁侍萍：她现在老了，嫁给一个下等人，又生了个女孩，境况很不好。

周朴园：你知道她现在在哪儿？

鲁侍萍：我前几天还见着她！

周朴园：什么？她就在这儿？此地？

鲁侍萍：嗯，就在此地。

周朴园：哦！

鲁侍萍：老爷，您想见一见她么？

周朴园：（连忙）不，不，不用。

鲁侍萍：她的命很苦。离开了周家，周家少爷就娶了一位有钱有门第的小姐。一个单身人，无亲无故，带着一个孩子在外乡，什么事都做：讨饭，缝衣服，当老妈子，在学校里伺候人。

周朴园：她为什么不再找到周家？

鲁侍萍：大概她是不愿意吧。为着她自己的孩子，她嫁过两次。

周朴园：嗯，以后她又嫁过两次。

鲁侍萍：嗯，都是很下等的人。她遇人都很不如意，老爷想帮一帮她么？

周朴园：好，你先下去吧。

鲁侍萍：老爷，没有事了？（望着朴园，泪要涌出）

周朴园：啊，你顺便去告诉四凤，叫她把我樟木箱子里那件旧雨衣拿出来，顺便把那箱子里的几件旧衬衣也捡出来。

鲁侍萍：旧衬衣？

周朴园：你告诉她在我那顶老的箱子里，纺绸的衬衣，没有领子的。

鲁侍萍：老爷那种绸衬衣不是一共有五件？您要哪一件？

周朴园：要哪一件？

鲁侍萍：不是有一件，在右袖襟上有个烧破的窟窿，后来用丝线绣成一朵梅花补上的？还有一件——

周朴园：（惊愕）梅花？

鲁侍萍：旁边还绣着一个萍字。

周朴园：（徐徐立起）哦，你，你，你是——

鲁侍萍：我是从前伺候过老爷的下人。

周朴园：哦，侍萍？（低声）是你？

鲁侍萍：你自然想不到，侍萍的相貌有一天也会老得连你都不认识了。

周朴园不觉地望望柜上的相片，又望侍萍。半晌。

周朴园：（忽然严厉地）你来干什么？

鲁侍萍：不是我要来的。

周朴园：谁指使你来的？

鲁侍萍：（悲愤）命，不公平的命指使我来的！

周朴园：（冷冷地）三十年的工夫你还是找到这儿来了。

鲁侍萍：（怨愤）我没有找你，我没有找你，我以为你早死了。我今天没想到到这儿来，这是天要我在这儿又碰见你。

周朴园：你可以冷静点。现在你我都是有子女的人。如果你觉得心里有委屈，这么大年纪，我们先可以不必哭哭啼啼的。

鲁侍萍：哼，我的眼泪早哭干了，我没有委屈，我有的是恨，是悔，是三十年一天一天我自己受的苦。你大概已经忘了你做的事了！三十年前，过年三十的晚上我生下你的第二个儿子才三天，你为了要赶紧娶那位有钱有门第的小姐，你们逼着我冒着大雪出去，要我离开你们周家的门。

周朴园：从前的旧恩怨，过了几十年，又何必再提呢？

鲁侍萍：那是因为周大少爷一帆风顺，现在也是社会上的好人物。可是自从我被你们家赶出来以后，我没有死成，我把我的母亲可给气死了，我亲生的两个孩子你们家里逼着我留在你们家里。

周朴园：你的第二个孩子你不是已经抱走了么？

鲁侍萍：那是你们老太太看着孩子快死了，才叫我带走的。

（自语）哦，天哪，我觉得我像在做梦。

周朴园：我看过去的事不必再提了吧。

鲁侍萍：我要提，我要提，我闷了三十年了！你结了婚，就搬了家，我以为这一辈子也见不着你了；谁知道我自己的孩子偏偏要跑到周家来，又做我从前在你们家里做过的事。

周朴园：怪不得四凤这样像你。

鲁侍萍：我伺候你，我的孩子再伺候你生的少爷们。这是我的报应，我的报应。

周朴园：你静一静。把脑子放清醒点。你不要以为我的心是死了，你以为一个人做了一件于心不忍的事就会忘了么？你看这些家具都是你从前顶喜欢的东西，多少年我总是留着，为着纪念你。

鲁侍萍：（低头）哦。

周朴园：你的生日——四月十八——每年我总记得。一切都照着你是正式嫁过周家的人看，甚至于你因为生萍儿，受了病，总要关窗户，这些习惯我都保留着，为的是不忘你，弥补我的罪过。

鲁侍萍：（叹一口气）现在我们都是上了年纪的人，这些话请你也不必说了。

周朴园：那更好了。那么我们可以明明白白地谈一谈。

鲁侍萍：不过我觉得没有什么可谈的。

周朴园：话很多。我看你的性情好像没有大改，——鲁贵像是个很不老实的人。

鲁侍萍：你不要怕。他永远不会知道的。

周朴园：那双方面都好。再有，我要问你的，你自己带走的儿子在哪儿？

鲁侍萍：他在你的矿上做工。

周朴园：我问，他现在在哪儿？

鲁侍萍：就在门房等着见你呢。

周朴园：什么？鲁大海？他！我的儿子？

鲁侍萍：就是他！他现在跟你完完全全是两样的人。

周朴园：（冷笑）这么说，我自己的骨肉在矿上鼓动罢工，反对我！

鲁侍萍：你不要以为他还会认你做父亲。

周朴园：（忽然）好！痛痛快快的！你现在要多少钱吧！

鲁侍萍：什么？

周朴园：留着你养老。

鲁侍萍：（苦笑）哼，你还以为我是故意来敲诈你，才来的么？

周朴园：也好，我们暂且不提这一层。那么，我先说我的意思。你听着，鲁贵我现在要辞退的。四凤也要回家。不过——

鲁侍萍：你不要怕，你以为我会用这种关系来敲诈你么？你放心，我不会的。大后天我就带着四凤回到我原来的地方。这是一场梦，这地方我绝对不会再住下去。

周朴园：好得很，那么一切路费，用费，都归我担负。

鲁侍萍：什么？

周朴园：这于我的心也安一点。

鲁侍萍：你？（笑）三十年我一个人都过了，现在我反而要你的钱？

周朴园：好，好，好，那么，你现在要什么？

鲁侍萍：（停一停）我，我要点东西。

周朴园：什么？说吧。

鲁侍萍：（泪满眼）我——我——我只要见见我的萍儿。

周朴园：你想见他？

鲁侍萍：嗯，他在哪儿？

周朴园：他现在在楼上陪着他的母亲看病。我叫他，他就可以下来见你。不过是——（顿）他很大了，——（顿）并且他以为他母亲早就死了的。

鲁侍萍：哦，你以为我会哭哭啼啼地叫他认母亲么？我不会那样傻的。我明白他的地位，他的教育，不容他承认这样的母亲。这些年我也学乖了，我只想看看他，他究竟是我生的孩子。你不要怕，我就是告诉他，白白地增加他的烦恼，他也是不愿意认我的。

周朴园：那么，我们就这样解决了。我叫他下来，你看一看他，以后鲁家的人永远不许再到周家来。

鲁侍萍：好，我希望这一生不要再见你。

周朴园：（由衣内取出支票，签好）很好，这是一张五千块钱的支票，你可以先拿去用。算是弥补我一点罪过。

侍萍接过支票，把它撕了。

周朴园：侍萍。

鲁侍萍：我这些年的苦不是你拿钱算得清的。

周朴园：可是你——

外面争吵声，大海的声音："让开，我要进去。"三四个男仆声："不成，不成，老爷睡觉呢。"

周朴园：（走至中门）来人！

仆人由中门进。

周朴园：谁在吵？

仆人：就是那个工人鲁大海！他不讲理，非见老爷不可。

周朴园：哦。（沉吟）那你就叫他进来吧。等一等，叫人到楼上请大少爷下来，我有话问他。

仆人：是，老爷。（由中门下。）

周朴园：（向侍萍）侍萍，你不要太固执。这一点钱你不收下将来你会后悔的。

侍萍望着周朴园，一句话也不说。

仆人领大海进。大海站在左边，三四个仆人立一旁。

鲁大海：（见侍萍）妈，您还在这儿？

周朴园：（打量大海）你叫什么名字？

鲁大海：你不要同我摆架子，难道你不知道我是谁么？

周朴园：我只知道你是罢工闹得最凶的工人。

鲁大海：对了，一点儿也不错，所以才来拜望拜望你。

周朴园：你有什么事吧？

鲁大海：董事长当然知道我是为什么来的。

周朴园：（摇头）我不知道。

鲁大海：我们老远从矿上来，今天我又在你府上门房里从厅上六点钟一直等到现在，我就是要问问董事长，对于我们工人的条件，究竟是答应不答应？

周朴园：哦，——那么，那三个代表呢？

鲁大海：我跟你说吧，他们现在正在联络旁的工会呢。

周朴园：哦，——他们没有告诉你旁的事情么？

鲁大海：告诉不告诉于你没有关系。——我问你，你的意思，忽而软，忽而硬，究竟是怎么回事？

周萍由饭厅上，见有人，想退回。

周朴园：（看周萍）不要走，萍儿（望了一下侍萍。）

周萍：是，爸爸。

周朴园：（指身侧）你站在这儿，（向大海）你这么只凭意气是不能交涉事情的。

鲁大海：哼，你们的手段，我都明白。你们这样拖延时候，不过是想花钱收买少数不要脸的败类，现时把我们骗在这儿。

周朴园：你的见地也不是没有道理。

鲁大海：可是你完全错了。我们这次罢工是团结的，有组织的，我们代表这次来，并不是来求你们。你听清楚，不求你们，你们答应就答应；不答应，我们一直罢工到底，我们知道你们不到两个月整个地就要关门的。

周朴园：你以为你们那些代表们，那些领袖们都可靠么？

鲁大海：至少比你们只认识洋钱的结合要可靠得多。

周朴园：那么我给你一件东西看。

周朴园在桌上找电报，仆人递给他；此时周冲偷偷由左书房进，在旁谛听。

周朴园：（给大海电报）这是昨天从矿上来的电报。

鲁大海：（拿过去读）什么？他们又上工了。（放下电报）不会。

周朴园：矿上的工人已经在昨天早上复工，你当代表的反而不知道么？

鲁大海：（怒）怎么矿上警察开枪打死三十个工人就白打了么？（笑起来）哼，这是假的，你们自己假作的电报来离间我们的，你们这种卑鄙无赖的行为！

周萍：（忍不住）你是谁？敢在这儿胡说？

周朴园：没有你的话！（向大海）你就这样相信你那同来的几个代表么？

鲁大海：你不用多说，我明白你这些话的用意。

周朴园：好，那我把那复工的合同给你瞧瞧。

鲁大海：（笑）你不要骗小孩子，复工的合同没有我们代表的签字是不生效力的。

周朴园：合同！

仆人进书房把合同拿给周朴园。

周朴园：你看，这是他们三个人签字的合同。

鲁大海：（看合同）什么？（慢慢地）他们三个人签了字？（伸手去拿，想仔细看一看）他们不告诉我，自己就签了字了？

　　周朴园：（顺手抽过来，交给仆人）对了，傻小子，没有经验只会胡喊是不成的。

　　鲁大海：那三个代表呢？

　　周朴园：昨天晚车就回去了。

　　鲁大海：（如梦初醒）这三个没有骨头的东西！他们就把矿上的工人们卖了！哼，你们这些不要脸的董事长，你们的钱这次又灵了。

　　周萍：（怒）你混账！

　　周朴园：不许多说话。（回头向大海）鲁大海，你现在没有资格跟我说话——矿上已经把你开除了。

　　鲁大海：开除了！？

　　周冲：爸爸，这是不公平的。

　　周朴园：（向周冲）你少多嘴，出去！

　　周冲愤然由中门下。

　　鲁大海：好，好。（切齿）你的手段我早明白，只要你能弄钱，你什么都做得出来。你叫警察杀了矿上许多工人，你还——

　　周朴园：你胡说！

　　鲁侍萍：（至大海前）走吧，别说了。

　　鲁大海：哼，你的来历我都知道，你从前在哈尔滨包修江桥，故意叫江堤出险，——

　　周朴园：（厉声）下去！

　　仆人们：（拉大海）走！走！

　　鲁大海：你故意淹死了两千二百个小工，每一个小工的性命你扣三百块钱！姓周的，你发的是绝子绝孙的昧心财！你现在还——

　　周萍：（冲向大海，打了他两个嘴巴）你这种混账东西！

　　大海还手，被仆人们拉住。

　　周萍：打他！

　　鲁大海：（向周萍）你！

　　仆人们一齐打大海。大海流了血。

　　周朴园：（厉声）不要打人！

　　仆人们住手，仍拉住大海。

　　鲁大海：（挣扎）放开我，你们这一群强盗！

　　周萍：（向仆人们）把他拉下去！

　　鲁侍萍：（大哭）这真是一群强盗！（走至周萍面前）你是萍，……凭——凭什么打我的儿子？

周萍：你是谁?

鲁侍萍：我是你的——你打的这个人的妈。

鲁大海：妈，别理这东西，小心吃了他们的亏。

鲁侍萍：（呆呆地望着周萍的脸，又哭起来）大海，走吧，我们走吧!

大海为仆人们拥下，侍萍随下。

课文注释

1. 曹禺（1910—1996），原名万家宝，字小石，中国现代杰出的戏剧家，著有《雷雨》、《日出》、《原野》、《北京人》等著名作品，祖籍湖北潜江。

2. 吕宋烟：一种雪茄烟，菲律宾吕宋岛产的质量好闻名。

3. 愕（è）：吃惊而发愣。

课后练习

一、阅读全文，说说本剧通过鲁侍萍与周朴园相遇展示了那几对戏剧冲突，你怎么看这些戏剧冲突?

二、找出文中的舞台说明，品味其作用。

三、有人说周朴园对鲁侍萍的感情是真挚的，而有人说是虚伪的，谈谈你的看法。

十四、屈原（节选）

郭沫若[1]

阅读提示

战国时期楚国大臣们以对秦外交路线的不同分为两派，本文以两派斗争为线索，讲述了一天之内代表爱国路线的屈原与代表卖国路线的郑袖等人之间的矛盾斗争，赞颂了屈原不畏强暴、坚持斗争的爱国主义精神和高尚的个人品德。

课文节选部分主要讲述了郑袖、靳尚密谋用毒酒杀害被囚禁的屈原，屈原的弟子婵娟因误饮毒酒而死，屈原悲愤交加，出走到汉北。阅读时要注意理解屈原的大段独白，体会它是怎样运用丰富的想象以及比喻、拟人、排比、反复等修辞手法，来表现主人公的斗争精神和爱国情感的。

　　东皇太一²庙之正殿。中室正中东皇太一与云中君并坐，其前左右二侧山鬼与国殇立侍，右首东君骑黄马，左首河伯乘龙，均斜向。马首向左，龙首向右。左室为一龙船，船首向右，湘君坐船中吹笙，湘夫人立船尾摇橹。右室一片云彩之上现大司命与少司命。左右二室后壁靠外侧均有门，左者开放，右者掩闭。各室均有灯，光甚昏暗，室外雷电交加，时有大风咆哮。

　　靳　尚：（命卫士乙）你去叫太卜郑詹尹来见我。

　　卫士乙：是。（向湘夫人神像左侧门走入）

　　俄顷，一瘦削而阴沉的老人，左手提灯，随卫士乙由左侧门入场。靳尚除去面罩，向郑詹尹走去。

　　靳　尚：刚才我叫人送了一通南后的密令来，你收到了吗？

　　郑詹尹：（鞠躬）收到了。上官大夫，我正想来见你啦。

　　靳　尚：罪人怎样处置了？

　　郑詹尹：还锁在这神殿后院的一间小屋子里面。

　　靳　尚：你打算什么时候动手？

　　郑詹尹：（迟疑地）上官大夫，我觉得有点为难。

　　靳　尚：（惊异）什么？

　　郑詹尹：屈原是有些名望的人，毒死了他，不会惹出乱子吗？

　　靳　尚：哼，正是为了这样，所以非赶快毒死他不可啦！那家伙惯会收揽人心，把他囚在这里，都城里的人很多愤愤不平。再缓三两日，消息一传开了，会引起更大规模的骚动。待消息传到国外，还会引起关东诸国的非难。到那时你不放他吧，非难是难以平息的。你放他吧，增长了他的威风，更有损秦、楚两国的交谊。秦国已经允许割让的商於³之地六百里，不用说，就永远得不到了。因此，非得在今晚趁早下手不可。你须得用毒酒毒死了他，然后放火焚烧大庙。今晚有大雷电，正好造个口实，说是着了雷火。这样，老百姓便只以为他是遭了天灾，一场大祸就可以消灭于无形了。

　　郑詹尹：上官大夫，屈原不是不喝酒的吗？

　　靳　尚：你可以想出方法来劝他。你要做出很宽大，很同情他的样子。不要老是把他锁在小屋子里，你可让他出来，走动走动。他戴着脚镣手铐，逃不了的。

　　郑詹尹：（迟疑地）你们是不是有点小题大做呢？

　　靳　尚：（含怒）你这是什么话？

　　郑詹尹：我觉得你们把屈原又未免估计得过高。他其实只会做几首谈情说爱的山歌，时而说些哗众取宠的大话罢了，并没有什么大本领。只要你们不杀他，老百姓就不会闹乱子。何苦为了一个夸大的诗人，要烧毁这样一座庄严的东皇太一庙？我实在有点不了解。

靳　尚：哈哈，你原来是在心疼你的这座破庙吗？这烧了有什么可惜？国王会给你重新造一座真正庄严的庙宇。好了，我不再和你多说了。你烧掉它，这是南后的意旨。你毒死他，这是南后的意旨。要快，就在今晚，不能再迟延。南后的脾气，你是知道的。你尽管是她的父亲，但如果不照着她的意旨办事，她可以大义灭亲，明天便把你一齐处死。（把面巾蒙上，向卫士）走！我们从小路赶回城去！

靳尚与二卫士由左首下场。

郑詹尹立在神殿中，沉默有间，最后下出了决心，向东君神像右侧门走入。俄顷，将屈原带出。

郑詹尹：三闾大夫，请你在这神殿上走动走动，舒散一下筋骨吧。这儿的壁画，是你平常所喜欢的啦。我不奉陪了。

屈原略略点头，郑詹尹走入左侧门。

屈原手足已戴刑具，颈上并系有长链，仍着其白日所着之玄衣，披发，在殿中徘徊。因有脚镣行步甚有限制，时而伫立睥睨[4]，目中含有怒火。手有举动时，必两手同时举出。如无举动时，则拳曲于胸前。

屈　原：（向风及雷电）风！你咆哮吧！咆哮吧！尽力地咆哮吧！在这暗无天日的时候，一切都睡着了，都沉在梦里，都死了的时候，正是应该你咆哮的时候，应该你尽力咆哮的时候！

尽管你是怎样的咆哮，你也不能把他们从梦中叫醒，不能把死了的吹活转来，不能吹掉这比铁还沉重的眼前的黑暗，但你至少可以吹走一些灰尘，吹走一些沙石，至少可以吹动一些花草树木。你可以使那洞庭湖，使那长江，使那东海，为你翻波涌浪，和你一同地大声咆哮啊！

啊，我思念那洞庭湖，我思念那长江，我思念那东海，那浩浩荡荡的无边无际的波澜呀！那浩浩荡荡的无边无际的伟大的力呀！那是自由，是跳舞，是音乐，是诗！

啊，这宇宙中的伟大的诗！你们风，你们雷，你们电，你们在这黑暗中咆哮着的，闪耀着的一切的一切，你们都是诗，都是音乐，都是跳舞。你们宇宙中伟大的艺人们呀，尽量发挥你们的力量吧。发泄出无边无际的怒火，把这黑暗的宇宙，阴惨的宇宙，爆炸了吧！爆炸了吧！

雷！你那轰隆隆的，是你车轮子滚动的声音？你把我载着拖到洞庭湖的边上去，拖到长江的边上去，拖到东海的边上去呀！我要看那滚滚的波涛，我要听那鞺鞺鞳鞳[5]的咆哮，我要漂流到那没有阴谋、没有污秽、没有自私自利的没有人的小岛上去呀！我要和着你，和着你的声音，和着那茫茫的大海，一同跳进那没有边际的没有限制的自由里去！

啊，电！你这宇宙中最犀利的剑呀！我的长剑是被人拔去了，但是你，你能拔去我有形的长剑，你不能拔去我无形的长剑呀。电，你这宇宙中的剑，也正是，我心中的剑。你劈吧，劈吧，劈吧！把这比铁还坚固的黑暗，劈开，劈开，劈开！虽然你劈它如同劈水一样，你抽掉了，它又合拢了来，但至少你能使那光明得到暂时的一瞬的显现，哦，那多么灿烂的、多么炫目的光明呀！

光明呀，我景仰你，我景仰你，我要向你拜手，我要向你稽首。我知道，你的本身就是火，你，你这宇宙中的最伟大者呀，火！你在天边，你在眼前，你在我的四面，我知道你就是宇宙的生命，你就是我的生命，你就是我呀！我这熊熊地燃烧着的生命，我这快要使我全身炸裂的怒火，难道就不能迸射出光明了吗？

炸裂呀，我的身体！炸裂呀，宇宙！让那赤条条的火滚动起来，像这风一样，像那海一样，滚动起来，把一切的有形，一切的污秽⁶，烧毁了吧！烧毁了吧！把这包含着一切罪恶的黑暗烧毁了吧！

把你这东皇太一烧毁了吧！把你这云中君烧毁了吧！你们这些土偶木梗⁷，你们高坐在神位上有什么德能？你们只是产生黑暗的父亲和母亲！

你，你东君，你是什么个东君？别人说你是太阳神，你，你坐在那马上丝毫也不能驰骋。你，你红着一个面孔，你也害羞吗？啊，你，你完全是一片假！你，你这土偶木梗，你这没心肝的，没灵魂的，我要把你烧毁，烧毁，烧毁你的一切，特别要烧毁你那匹马！你假如是有本领，就下来走走吧！

什么个大司命，什么个少司命，你们的天大的本领就只有晓得播弄人！什么个湘君，什么个湘夫人，你们的天大的本领也就只晓得痛哭几声！哭，哭有什么用？眼泪，眼泪有什么用？顶多让你哭出几笼湘妃竹吧！但那湘妃竹不是主人们用来打奴隶的刑具么？你们滚下船来，你们滚下云头来，我都要把你们烧毁！烧毁！烧毁！

哼，还有你这河伯……哦，你河伯！你，你是我最初的一个安慰者！我是看得很清楚的呀！当我被人们押着，押上了一个高坡，卫士们要息脚，我也就站立在高坡上，回头望着龙门。我是看得很清楚，很清楚的呀！我看见婵娟被人虐待，我看见你挺身而出，指天画地有所争论。结果，你是被人押进了龙门，婵娟她也被人押进了龙门。

但是我，我没有眼泪。宇宙，宇宙也没有眼泪呀！眼泪有什么用呵？我们只有雷霆，只有闪电，只有风暴，我们没有拖泥带水的雨！这是我的意志，宇宙的意志。鼓动吧，风！咆哮吧，雷！闪耀吧，电！把一切沉睡在黑暗怀里的东西，毁灭，毁灭，毁灭呀！

郑詹尹左手提灯，右手执爵，由湘夫人神像左侧之门入场。

郑詹尹：三闾大夫，你又在做诗了吗？你的声音比风还要宏大，比雷霆还要有威势啦。啊，像这样雷电交加的深夜，实在可怕。我连庙门都不敢去关了。你怎么老是不去睡呢？是的，我看你好像朗诵了好长的一首诗啦。你怕口渴吧。我给你备了一杯甜酒来，虽然没有下酒的东西，请你润润喉，也好啦。

屈　原：多谢你，请你放在那神案上，手足不方便，对你不住。

郑詹尹：唉，真是不知道要闹成个什么世界了。本来是"刑不上大夫，礼不下庶人"的，这个体统也弄得来扫地无存了。连我们的三闾大夫，也要让他戴脚镣手铐。三闾大夫，这脚镣手铐假如是有钥匙，我一定要替你打开的啦。可恨的是他们把钥匙都带走了啊。

屈　原：多谢你，这脚镣手铐我倒并不感觉痛苦，有这些东西在身上，倒反而增加了我的力量，不过行动不方便些罢了。

郑詹尹：我看你的喉咙一定渴得很厉害的，这酒我捧着让你喝。还要睡一睡才能天亮呢。

屈　原：多谢你，我现在口不渴。我本来也是不喜欢喝酒的人。回头我口渴了，一定领你的盛情好了。请你不要关照。

郑詹尹：（将爵放在神案上）慢慢喝也好。其实酒倒也并不是坏东西。只要喝得少一点，有个节制，倒也是很好的东西啦。

屈　原：是的，我也明白。我的吃亏处，便是大家都醉而我偏不醉，马马虎虎的事我做不来。

郑詹尹：真的，这些地方正是好人们吃亏的地方啦。说起你吃亏的事情上来，我倒是感觉着对你不住呢！

屈　原：怎么的？

郑詹尹：三闾大夫，你忘记了吧，郑袖是我的女儿啦。

屈　原：哦，是的，可是差不多一般的人都把这事情忘记了。

郑詹尹：也是应该的喽。她母亲早死，我又干着这占筮卜卦的事体，对于她的教育没有做好。后来她进了宫廷，我更和她断绝了父女的关系。她近来简直是愈闹愈不成个体统，她把你这样忠心耿耿的人都陷害成这个样子了。

屈　原：太卜，请你相信我，我现在只恨张仪，对于南后倒并不怨恨。南后她平常很喜欢我的诗，在国王面前也很帮助过我。今天的事情我起初不大明白，后来才知道是那张仪在作怪啦。一般的人也使我很不高兴，成了张仪的应声虫。张仪说我是疯子，大家也就说我是疯子。这简直是把凤凰当成鸡，把麒麟当成羊子啦。这叫我怎么能够忍受？所以别人愈要同情我，我便愈觉得恶心。我要那无价值的同情来做什么？

郑詹尹：真的啦，一般的老百姓真是太厚道了。

屈　原：不过我的心境也很复杂，我虽然不高兴他们的厚道，但我又爱他们的厚道。又如南后的聪明吧，我虽然能够佩服，但我却不喜欢。这矛盾怕是不可以调和的吧？我想要的是又聪明又厚道，又素朴又绚烂，亦圣亦狂，即狂即圣，个个老百姓都成为绝顶聪明，你看我这个见解是不是可以成立的呢？

郑詹尹：这是所谓"大智若愚，大巧若拙"的话啦。

屈　原：不，不是那样。我不是要人装傻，而是要人一片天真。人人都有好脾胃，人人都有好性情，人人都有好本领。可是我自己就办不到！我的性情太激烈了，我自己也觉得有点偏，要想矫正却不能够。你看我怎样的好呢？我去学农夫吧？我又拿不来锄头。我跑到外国去吧？我又舍不得丢掉楚国。我去向南后求情，请她容恕我吧？她能够和张仪合作，我却万万不能够和张仪合作。你看我怎样办的好呢？

郑詹尹：三闾大夫，对你不住。你把这些话来问我，我拿着也没有办法。其实卜卦的事老早就不灵了。不怕我是在做太卜的官，恐怕也是我在做太卜的官，所以才愈见晓得它的不灵吧。古时候似乎灵验过来，现在是完全不行了。认真说：我就是在这儿骗人啦。但是对于你，我是不好骗得的。三闾大夫，像我这样骗人的生活，假使你能够办得到，恐怕也是好的吧。我们确实是做到了"大愚若智，大拙若巧"的地步，呵哈哈哈哈……风似乎稍微止息了一点，你还是请进里面去休息一下吧，怎么样呢？

屈　原：不，多谢你，我也不想睡，请你自己方便吧。

郑詹尹：把酒喝一点怎么样呢？

屈　原：我回头一定领情的啦，太卜。

郑詹尹：你该不会疑心这酒里有毒的吧？

屈　原：果真有毒，倒是我现在所欢迎的。唉，我们的祖国被人出卖了，我真不忍心活着看见它会遭遇到的悲惨的前途呵。

郑詹尹：真的啦，像这样难过的日子，连我们上了年纪的人，都不想再混了。

屈　原：大家都不想活的时候，生命的力量是会爆发的。

郑詹尹：好的，你慢慢喝也好，我还想去躺一会儿。

屈　原：请你方便，怕还有一会儿天才能亮呢。

郑詹尹复提着灯笼由原道下场。

大风渐息，雷电亦止，月光复出，斜照殿上。

屈　原：啊，宇宙你也恬淡起来了。真也奇怪，我现在的心境又起了一个不可思议的变换，我想，毕竟还是人是最可亲爱的呵。不怕就是你所不高兴的人，在你极端孤寂的时候和他说了几句话，似乎也是镇定精神的良药啦。啊，河伯！（徘徊[8]。有间之后，在河伯前伫立）请让我还是把你当成朋友，让我再和你谈谈心吧。你知道么？现在我所最担心的是我的婵娟呀！她明明是被人家抓去了的。她是很尊敬我的一个人，她把我当成了她的父亲、她的师长，她把我看待得比她自己的性命还要贵重。（稍停）她最能够安慰我。我也把她当成了我自己的女儿，当成了我自己最珍爱的弟子。唉，我今天实在不应该抛撇了她，跑了出来。她虽然在后园子里面看着那些人胡闹，她虽然把我的衣裳拿了一件出去，但我相信那一定是宋玉要她做的，宋玉那孩子，他是太阴柔了。（将神案上的酒爵拿起将饮，复搁置）唉，这酒的气味，我终竟是不高兴。河伯，你是不是喜欢喝酒的呢？你现在的情形又是怎样？我也明明看见，别人也把你抓去了。你明明是为我而受难，为正义而受难呀。啊，我真不知道该怎样报答你的好呵！

（复在神殿中徘徊）

此时卫士甲与婵娟由右首出场。屈原瞥[9]见人影，顿吃一惊。

屈　原：是谁？

婵　娟：啊，先生在这儿啦，我婵娟啦！（用尽全力，跟跄奔上神殿，跪于屈原前，拥抱其膝，仰头望之，似笑，又似干哭）

屈　原：（呈极凄绝之态）啊，婵娟，你怎么来的？你脸上怎么有伤呀？你怎么这样的装束？

婵　娟：（断续地）先生，我高兴得很。……你请……不要问我。……我……我是什么话都不想说。我只想……就这样……就这样抱着先生的脚，……抱着先生的脚，……就这样……死了去吧。

屈原不禁潸[10]然，两手抚摩着婵娟的头，昂头望着天，如此有间。

婵娟始终仰望屈原，喘息甚烈。

屈　原：（俯首安慰）婵娟，我没有想到还能够看见你，你一定是逃走出来的，你是超过了死线了。你知道宋玉是怎样吗？

婵　娟：（仍喘息）他……他跟着公子子兰……搬进宫里去了。

屈　原：那也由他去吧。谁能够不怕艰险，谁才可以登上高山。正义的路是崎岖的路，它只欢迎勇敢的人。……那位钓鱼的人呢？

婵　娟：听说丢进监里去了。

屈　原：（沉默一忽之后）婵娟，你口渴吧？

婵娟点头。

屈　原：（两手移去，将案上酒爵取来）这儿有杯甜酒，你喝了它吧。

婵娟就爵，一饮而尽，饮之甚甘，自己仍跪于地，紧紧拥抱着屈原的两膝，昂首望之。

屈原以两手置爵于神案上之后，仍抚摩其头。俄而，婵娟脸色渐变，全身痉挛。

屈　原：（屈膝俯身，以两手套其颈，拥之于怀）啊，婵娟，你怎样？你怎样？

婵　娟：（凝目摇头）先生，……那酒……那酒……有毒。……可我……我真高兴……我……真高兴！（振作起来）我能够代替先生，保全了你的生命，我是多么地幸运呵！……先生，我是一个普通人家的女儿，我受了你的感化，知道了做人的责任。我始终诚心诚意地服侍着你，因为你就是我们楚国的柱石。……我爱楚国，我就不能不爱先生。……先生，我经常想照着你的指示，把我的生命献给祖国。可我没有想到，我今天是果然做到了。（渐渐衰弱）我把我这微弱的生命，代替了你这样可宝贵的存在。先生，我真是多么地幸运呵！……啊，我……我真高兴！……真高兴！……

屈　原：（紧紧拥抱着婵娟）婵娟！你要活下去呵！活下去呵！婵娟！婵娟！……

婵　娟：（更衰弱）……啊，我……真高兴！……

屈原无言，拥着婵娟尸体，昂首望天，眼中复燃起怒火。

卫士甲在前直静立于殿下，至此始上殿至屈原之前。

卫士甲：三闾大夫，请你告诉我，那酒是谁个送给你的？

屈　原：（回顾，含怒而平淡地）是这儿的太卜郑詹尹。

卫士甲：哼，就是那南后的父亲吗？我是认识他的。（急骤地向左侧房屋走入）

屈原仍如塑像一般，寂立不动。

少顷，卫士甲复急骤而出。

卫士甲：三闾大夫，请你容恕我，我把那恶人郑詹尹刺杀了。在他的身上还搜出了一通密令，我念给你听："太卜执事：比奉南后意旨，望执事于今夜将狂人毒死，放火焚庙，以灭其迹。上官大夫靳尚再拜。"密令是这样，因此我也就照着南后的意旨，在郑詹尹的床上放了一把火。这罪恶的神庙看看也就要和那罪恶的尸体一道消灭了。

屈　原：那很好。我还希望你帮助我，把婵娟安放在神案上，我们应该为她举行一个庄严的火葬。

卫士甲：待我先解除先生的刑具。（解除其刑具）婵娟姑娘穿的还是更夫的衣裳，应该给她脱掉啦。

屈　原：（起立先解婵娟之衣）哦，戴得有这样的花环。（更进行其他动作）

卫士甲：（一面帮助，一面诉说）先生，这还是你编的花环呢。在东门外被南后给你要去了，后来南后又给了婵娟姑娘。她一身都是挨了鞭打的，你看这手上都有伤，脸上都有伤，鞭打得很厉害。南后更打算明天便处死她，把她装在囚槛里，由我看守；……夜半将近的时分，你的两位弟子宋玉和公子子兰走来劝婵娟，要她听从公子子兰的要求，做他的侍女，他们便搭救她。但是婵娟始终不肯。……她所说的话和她的精神太使我感动了，因此我就决心救她。从宋玉口中听说先生今晚上也有生命的危险，所以我也就决心陪着她来救你。……我们是从宫中逃出来的，就是用了一点诡计把一个更夫来顶替了婵娟。在我替她换上更夫装束的时候，婵娟姑娘她还坚决地不肯把你这花环丢掉呢！

二人已经将婵娟置于神案，头在左侧。

课文注释

1. 郭沫若：（1892 年—1978 年）文学家、历史学家、新诗奠基人之一，出生于四川乐山，《女神》是其第一本新诗集，另有诗作《天狗》、《凤凰涅槃》等为诗歌代表作，历史剧代表作《屈原》、《蔡文姬》、《王昭君》等。

2. 东皇太一：天神，与下文的河伯、湘君、湘夫人都是《九歌》中的神。

3. 於（wū）。

4. 睥睨（pì nì）：斜视。

5. 鞺鞺鞳鞳（táng tà）：钟鼓的声音。

6. 污秽（wū huì）：不洁净的，肮脏的。

7. 梗（gěng）。

8. 徘徊（pái huái）：在一个地方来回走，比喻犹豫不决。

9. 瞥（piē）。

10. 潸（shān）。

课后练习

一、找出屈原的内心独白几段，试分析屈原的性格特点？

二、婵娟与郑詹尹性格特点，从哪些语句中表现出来？

三、抄写下列词语

咆哮　脚镣手铐　伫立睥睨　驰骋　绚烂　脾胃　潸然　崎岖

十五、威尼斯商人（选场）

莎士比亚[1]

第四幕

第一场　威尼斯。法庭

公爵[2]、众绅士、安东尼奥[3]、巴萨尼奥[4]、葛莱西安诺、萨拉里诺、萨莱尼奥及余人等同上。

公爵：安东尼奥有没有来？

安东尼奥：有，殿下。

公爵：我很为你不快乐；你是来跟一个心如铁石的对手当庭质对，一个不懂得怜悯、没有一丝慈悲心的不近人情的恶汉。

安东尼奥：听说殿下曾经用尽力量劝他不要过为已甚，可是他一味坚执，不肯略作让步。既然没有合法的手段可以使我脱离他的怨毒的掌握，我只有用默忍迎受他的愤怒，安心等待着他的残暴的处置。

公爵：来人，传那犹太人到庭。

萨拉里诺：他在门口等着；他来了，殿下。

夏洛克[5]上。

公爵：大家让开些，让他站在我的面前。夏洛克，人家都以为——我也是这样想——你不过故意装出这一副凶恶的姿态，到了最后关头，就会显出你的仁慈恻隐来，比你现在这种表面上的残酷更加出人意料；现在你虽然坚持着照约处罚，一定要从这个不幸的商人身上割下一磅肉来，到了那时候，你不但愿意放弃这一种处罚，而且因为受到良心上的感动，说不定还会豁免他一部分的欠款。你看他最近接连遭逢的巨大损失，足以使无论怎样富有的商人倾家荡产，即使铁石一样的心肠，从来不知道人类同情的野蛮人，也不能不对他的境遇发生怜悯。犹太人，我们都在等候你一句温和的回答。

夏洛克：我的意思已经向殿下告禀过了；我也已经指着我们的圣安息日⁶起誓，一定要照约执行处罚；要是殿下不准许我的请求，那就是蔑视宪章，我要到京城里去上告，要求撤销贵邦的特权。您要是问我为什么不愿接受三千块钱，宁愿拿一块腐烂的臭肉，那我可没有什么理由可以回答您，我只能说我欢喜这样，这是不是一个回答？要是我的屋子里有了耗子，我高兴出一万块钱叫人把它们赶掉，谁管得了我？这不是回答了您吗？有的人不爱看张开嘴的猪，有的人瞧见一头猫就要发脾气，还有人听见人家吹风笛的声音，就忍不住要小便；因为一个人的感情完全受着喜恶的支配，谁也做不了自己的主。现在我就这样回答您：为什么有人受不住一头张开嘴的猪，有人受不住一头有益无害的猫，还有人受不住咿咿唔唔的风笛的声音，这些都是毫无充分的理由的，只是因为天生的癖性，使他们一受到刺激，就会情不自禁地现出丑相来；所以我不能举什么理由，也不愿举什么理由，除了因为我对于安东尼奥抱着久积的仇恨和深刻的反感，所以才会向他进行这一场对于我自己并没有好处的诉讼。现在您不是已经得到我的回答了吗？

巴萨尼奥：你这冷酷无情的家伙，这样的回答可不能作为你的残忍的辩解。

夏洛克：我的回答本来不是为了讨你的欢喜。

巴萨尼奥：难道人们对于他们所不喜欢的东西，都一定要置之死地吗？

夏洛克：哪一个人会恨他所不愿意杀死的东西？

巴萨尼奥：初次的冒犯，不应该就引为仇恨。

夏洛克：什么！你愿意给毒蛇咬两次吗？

安东尼奥：请你想一想，你现在跟这个犹太人讲理，就像站在海滩上，叫那大海的怒涛减低它的奔腾的威力，责问豺狼为什么害母羊为了失去它的羔羊而哀啼，或是叫那山上的松柏，在受到天风吹拂的时候，不要摇头摆脑，发出谡谡的声音。要是你能够叫这个犹太人的心变软——世上还有什么东西比它更硬呢？——那么还有什么难事不可以做到？所以我请你不用再跟他商量什么条件，也不用替我想什么办法，让我爽爽快快受到判决，满足这犹太人的心愿吧。

巴萨尼奥：借了你三千块钱，现在拿六千块钱还你好不好？

夏洛克：即使这六千块钱中间的每一块钱都可以分做六份，每一份都可以变成一块钱，我也不要它们；我只要照约处罚。

公爵：你这样一点没有慈悲之心，将来怎么能够希望人家对你慈悲呢？

夏洛克：我又不干错事，怕什么刑罚？你们买了许多奴隶，把他们当作驴狗骡马一样看待，叫他们做种种卑贱的工作，因为他们是你们出钱买来的。我可不可以对你们说，让他们自由，叫他们跟你们的子女结婚？为什么他们要在重担之下流着血汗？让他们的床铺得跟你们的床同样柔软，让他们的舌头也尝尝你们所吃的东西吧，你们会回答说："这些奴隶是我们所有的。"所以我也可以回答你们：我向他要求的这一磅肉，是我出了很大的代价买来的；它是属于我的，我一定要把它拿到手里。您要是拒绝了我，那么你们的法律去见鬼吧！威尼斯城的法令等于一纸空文。我现在等候着判决，请快些回答我，我可不可以拿到这一磅肉？

公爵：我已经差人去请培拉里奥，一位有学问的博士，来替我们审判这件案子；要是他今天不来，我可以有权宣布延期判决。

萨拉里诺：殿下，外面有一个使者刚从帕度亚来，带着这位博士的书信，等候着殿下的召唤。

公爵：把信拿来给我；叫那使者进来。

巴萨尼奥：高兴起来吧，安东尼奥！喂，老兄，不要灰心！这犹太人可以把我的肉、我的血、我的骨头、我的一切都拿去，可是我决不让你为了我的缘故流一滴血。

安东尼奥：我是羊群里一头不中用的病羊，死是我的应分；最软弱的果子最先落到地上，让我也就这样结束了我的一生吧。巴萨尼奥，我只要你活下去，将来替我写一篇墓志铭，那你就是做了再好不过的事。

尼莉莎[7]扮律师书记上。

公爵：你是从帕度亚培拉里奥那里来的吗？

尼莉莎：是，殿下。培拉里奥叫我向殿下致意。（呈上一信）

巴萨尼奥：你这样使劲儿磨着刀干吗？

夏洛克：从那破产的家伙身上割下那磅肉来。

葛莱西安诺：狠心的犹太人，你不是在鞋口上磨刀，你这把刀是放在你的心口上磨；无论哪种铁器，就连刽子手的钢刀，都赶不上你这刻毒的心肠一半的锋利。难道什么恳求都不能打动你吗？

夏洛克：不能，无论你说得多么婉转动听，都没有用。

葛莱西安诺：万恶不赦的狗，看你死后不下地狱！让你这种东西活在世上，真是公道不生眼睛。你简直使我的信仰发生摇动，相信起毕达哥拉斯所说畜生的灵魂可以转生人体的议论来了；你的前生一定是一头豺狼，因为吃了人给人捉住吊死，它那凶恶的灵魂就从绞架上逃了出来，钻进了你那老娘的腌臜的胎里，因为你的性情正像豺狼一样残暴贪婪。

夏洛克：除非你能够把我这一张契约上的印章骂掉，否则像你这样拉开了喉咙直嚷，不过白白伤了你的肺，何苦来呢？好兄弟，我劝你还是让你的脑子休息一下吧，免得它损坏了，将来无法收拾。我在这儿要求法律的裁判。

公爵：培拉里奥在这封信上介绍一位年轻有学问的博士出席我们的法庭。他在什么地方？

尼莉莎：他就在这儿附近等着您的答复，不知道殿下准不准许他进来？

公爵：非常欢迎。来，你们去三四个人，恭恭敬敬领他到这儿来。现在让我们把培拉里奥的来信当庭宣读。

书记：（读）"尊翰[8]到时，鄙人抱疾方剧；适有一青年博士鲍尔萨泽君自罗马来此，致其慰问，因与详讨犹太人与安东尼奥一案，遍稽群籍，折衷是非，遂恳其为鄙人庖代，以应殿下之召。凡鄙人对此案所具意见，此君已深悉无遗；其学问才识，虽穷极赞辞，亦不足道其万一，务希勿以其年少而忽之，盖如此少年老成之士，实鄙人生平所仅见也。倘蒙延纳，必能不辱使命。敬祈钧裁。"

公爵：你们已经听到了博学的培拉里奥的来信。这儿来的大概就是那位博士了。

鲍西娅[9]扮律师上。

公爵：把您的手给我。足下是从培拉里奥老前辈那儿来的吗？

鲍西娅：正是，殿下。

公爵：欢迎欢迎；请上坐。您有没有明了今天我们在这儿审理的这件案子的两方面的争点？

鲍西娅：我对于这件案子的详细情形已经完全知道了。这儿哪一个是那商人，哪一个是犹太人？

公爵：安东尼奥，夏洛克，你们两人都上来。

鲍西娅：你的名字就叫夏洛克吗？

夏洛克：夏洛克是我的名字。

鲍西娅：你这场官司打得倒也奇怪，可是按照威尼斯的法律，你的控诉是可以成立的。（向安东尼奥）你的生死现在操在他的手里，是不是？

安东尼奥：他是这样说的。

鲍西娅：你承认这借约吗？

安东尼奥：我承认。

鲍西娅：那么犹太人应该慈悲一点。

夏洛克：为什么我应该慈悲一点？把您的理由告诉我。

鲍西娅：慈悲不是出于勉强，它是像甘霖一样从天上降下尘世；它不但给幸福于受施的人，也同样给幸福于施与的人；它有超乎一切的无上威力，比皇冠更足以显出一个帝王的高贵：御杖不过象征着俗世的威权，使人民对于君上的尊严凛然生畏；慈悲的力量却高出于权力之上,它深藏在帝王的内心,是一种属于上帝的德性,执法的人倘能把慈悲调剂着公道,人间的权力就和上帝的神力没有差别。所以,犹太人,虽然你所要求的是公道,可是请你想一想,要是真的按照公道执行起赏罚来,谁也没有死后得救的希望;我们既然祈祷着上帝的慈悲,就应该按照祈祷的指点,自己做一些慈悲的事。我说了这一番话,为的是希望你能够从你的法律的立场上作几分让步;可是如果你坚持着原来的要求,那么威尼斯的法庭是执法无私的,只好把那商人宣判定罪了。

夏洛克:我自己做的事,我自己当!我只要求法律允许我照约执行处罚。

鲍西娅:他是不是无力偿还这笔借款?

巴萨尼奥:不,我愿意替他当庭还清;照原数加倍也可以;要是这样他还不满足,那么我愿意签署契约,还他十倍的数目,拿我的手、我的头、我的心做抵押;要是这样还不能使他满足,那就是存心害人,不顾天理了。请堂上运用权力,把法律稍为变通一下,犯一次小小的错误,干一件大大的功德,别让这个残忍的恶魔逞他杀人的兽欲。

鲍西娅:那可不行,在威尼斯谁也没有权力变更既成的法律;要是开了这一个恶例,以后谁都可以借口有例可援,什么坏事情都可以干了。这是不行的。

夏洛克:一个但尼尔[10]来做法官了!真的是但尼尔再世!聪明的青年法官啊,我真佩服你!

鲍西娅:请你让我瞧一瞧那借约。

夏洛克:在这儿,可尊敬的博士;请看吧。

鲍西娅:夏洛克,他们愿意出三倍的钱还你呢。

夏洛克:不行,不行,我已经对天发过誓啦,难道我可以让我的灵魂背上毁誓的罪名吗?不,把整个儿的威尼斯给我,我都不能答应。

鲍西娅:好,那么就应该照约处罚;根据法律,这犹太人有权要求从这商人的胸口割下一磅肉来。还是慈悲一点,把三倍原数的钱拿去,让我撕了这张约吧。

夏洛克:等他按照约中所载条款受罚以后,再撕不迟。您瞧上去像是一个很好的法官;您懂得法律,您讲的话也很有道理,不愧是法律界的中流砥柱,所以现在我就用法律的名义,请您立刻进行宣判,凭着我的灵魂起誓,谁也不能用他的口舌改变我的决心。我现在但等着执行原约。

安东尼奥:我也诚心请求堂上从速宣判。

鲍西娅:好,那么就是这样:你必须准备让他的刀子刺进你的胸膛。

夏洛克:啊,尊严的法官!好一位优秀的青年!

鲍西娅:因为这约上所订定的惩罚,对于法律条文的涵义并无抵触。

夏洛克:很对很对!啊,聪明正直的法官!想不到你瞧上去这样年轻,见识却这么老练！

鲍西娅：所以你应该把你的胸膛袒露出来。

夏洛克：对了，"他的胸部"，约上是这么说的；——不是吗，尊严的法官？——"附近心口的所在"，约上写得明明白白的。

鲍西娅：不错，称肉的天平有没有预备好？

夏洛克：我已经带来了。

鲍西娅：夏洛克，去请一位外科医生来替他堵住伤口，费用归你负担，免得他流血而死。

夏洛克：约上有这样的规定吗？

鲍西娅：约上并没有这样的规定；可是那又有什么相干呢？肯做一件好事总是好的。

夏洛克：我找不到；约上没有这一条。

鲍西娅：商人，你还有什么话说吗？

安东尼奥：我没有多少话要说；我已经准备好了。把你的手给我，巴萨尼奥，再会吧！不要因为我为了你的缘故遭到这种结局而悲伤，因为命运对我已经特别照顾了：她往往让一个不幸的人在家产荡尽以后继续活下去，用他凹陷的眼睛和满是皱纹的额角去挨受贫困的暮年；这一种拖延时日的刑罚，她已经把我豁免了。替我向尊夫人致意，告诉她安东尼奥的结局；对她说我怎样爱你，又怎样从容就死；等到你把这一段故事讲完以后，再请她判断一句，巴萨尼奥是不是曾经有过一个真心爱他的朋友。不要因为你将要失去一个朋友而懊恨，替你还债的人是死而无怨的；只要那犹太人的刀刺得深一点，我就可以在一刹那的时间把那笔债完全还清。

巴萨尼奥：安东尼奥，我爱我的妻子，就像我自己的生命一样；可是我的生命、我的妻子以及整个的世界，在我的眼中都不比你的生命更为贵重；我愿意丧失一切，把它们献给这恶魔做牺牲，来救出你的生命。

鲍西娅：尊夫人要是就在这儿听见您说这样话，恐怕不见得会感谢您吧。

葛莱西安诺：我有一个妻子，我可以发誓我是爱她的；可是我希望她马上归天，好去求告上帝改变这恶狗一样的犹太人的心。

尼莉莎：幸亏尊驾在她的背后说这样的话，否则府上一定要吵得鸡犬不宁了。

夏洛克：这些便是相信基督教的丈夫！我有一个女儿，我宁愿她嫁给强盗的子孙，不愿她嫁给一个基督徒，别再浪费光阴了；请快些儿宣判吧。

鲍西娅：那商人身上的一磅肉是你的；法庭判给你，法律许可你。

夏洛克：公平正直的法官！

鲍西娅：你必须从他的胸前割下这磅肉来；法律许可你，法庭判给你。

夏洛克：博学多才的法官！判得好！来，预备！

鲍西娅：且慢，还有别的话哩。这约上并没有允许你取他的一滴血，只是写明着"一磅肉"；所以你可以照约拿一磅肉去，可是在割肉的时候，要是流下一滴基督徒的血，你的土地财产，按照威尼斯的法律，就要全部充公。

葛莱西安诺：啊，公平正直的法官！听着，犹太人；啊，博学多才的法官！

夏洛克：法律上是这样说吗？

鲍西娅：你自己可以去查查明白。既然你要求公道，我就给你公道，而且比你所要求的更地道。

西安诺：啊，博学多才的法官！听着，犹太人；好一个博学多才的法官！

夏洛克：那么我愿意接受还款；照约上的数目三倍还我，放了那基督徒。

巴萨尼奥：钱在这儿。

鲍西娅：别忙！这犹太人必须得到绝对的公道。别忙！他除了照约处罚以外，不能接受其他的赔偿。

葛莱西安诺：啊，犹太人！一个公平正直的法官，一个博学多才的法官！

鲍西娅：所以你准备着动手割肉吧。不准流一滴血，也不准割得超过或是不足一磅的重量；要是你割下来的肉，比一磅略微轻一点或是重一点，即使相差只有一丝一毫，或者仅仅一根汗毛之微，就要把你抵命，你的财产全部充公。

葛莱西安诺：一个再世的但尼尔，一个但尼尔，犹太人！现在你可掉在我的手里了，你这异教徒！

鲍西娅：那犹太人为什么还不动手？

夏洛克：把我的本钱还我，放我去吧。

巴萨尼奥：钱我已经预备好在这儿，你拿去吧。

鲍西娅：他已经当庭拒绝过了；我们现在只能给他公道，让他履行原约。

葛莱西安诺：好一个但尼尔，一个再世的但尼尔！谢谢你，犹太人，你教会我说这句话。

夏洛克：难道我单单拿回我的本钱都不成吗？

鲍西娅：犹太人，除了冒着你自己生命的危险割下那一磅肉以外，你不能拿一个钱。

夏洛克：好，那么魔鬼保佑他去享用吧！我不打这场官司了。

鲍西娅：等一等，犹太人，法律上还有一点牵涉你。威尼斯的法律规定：凡是一个异邦人企图用直接或间接手段，谋害任何公民，查明确有实据者，他的财产的半数应当归受害的一方所有，其余的半数没入公库，犯罪者的生命悉听公爵处置，他人不得过问。你现在刚巧陷入这一条法网，因为根据事实的发展，已经足以证明你确有运用直接间接手段，危害被告生命的企图，所以你已经遭逢着我刚才所说起的那种危险了。快快跪下来，请公爵开恩吧。

葛莱西安诺：求公爵开恩，让你自己去寻死吧；可是你的财产现在充了公，一根绳子也买不起啦，所以还是要让公家破费把你吊死。

公爵：让你瞧瞧我们基督徒的精神，你虽然没有向我开口，我自动饶恕了你的死罪。你的财产一半划归安东尼奥，还有一半没入公库；要是你能够诚心悔过，也许还可以减处你一笔较轻的罚款。

鲍西娅：这是说没入公库的一部分，不是说划归安东尼奥的一部分。

夏洛克：不，把我的生命连着财产一起拿了去吧，我不要你们的宽恕。你们拿掉了支撑房子的柱子，就是拆了我的房子；你们夺去了我的养家活命的根本，就是活活要了我的命。

鲍西娅：安东尼奥，你能不能够给他一点慈悲？

葛莱西安诺：白送给他一根上吊的绳子吧；看在上帝的面上，不要给他别的东西！

安东尼奥：要是殿下和堂上愿意从宽发落，免予没收他的财产的一半，我就十分满足了；只要他能够让我接管他的另外一半的财产，等他死了以后，把它交给最近和他的女儿私奔的那位绅士；可是还要有两个附带的条件：第一，他接受了这样的恩典，必须立刻改信基督教；第二，他必须当庭写下一张文契，声明他死了以后，他的全部财产传给他的女婿罗兰佐和他的女儿。

公爵：他必须履行这两个条件，否则我就撤销刚才所宣布的赦令。

鲍西娅：犹太人，你满意吗？你有什么话说？

夏洛克：我满意。

鲍西娅：书记，写下一张授赠产业的文契。

夏洛克：请你们允许我退庭，我身子不大舒服。文契写好了送到我家里，我在上面签名就是了。

公爵：去吧，可是临时变卦是不成的。

葛莱西安诺：你在受洗礼的时候，可以有两个教父；要是我做了法官，我一定给你请十二个教父，不是领你去受洗，是送你上绞架。（夏洛克下。）

公爵：先生，我想请您到舍间去用餐。

鲍西娅：请殿下多多原谅，我今天晚上要回帕度亚去，必须现在就动身，恕不奉陪了。

公爵：您这样贵忙，不能容我略尽寸心，真是抱歉得很。安东尼奥，谢谢这位先生，你这回全亏了他。（公爵、众士绅及侍从等下。）

巴萨尼奥：最可尊敬的先生，我跟我这位敝友今天多赖您的智慧，免去了一场无妄之灾；为了表示我们的敬意，这三千块钱本来是预备还那犹太人的，现在就奉送给先生，聊以报答您的辛苦。

安东尼奥：您的大恩大德，我们是永远不忘记的。

鲍西娅：一个人做了心安理得的事，就是得到了最大的酬报；我这次帮两位的忙，总算没有失败，已经引为十分满足，用不着再谈什么酬谢了。但愿咱们下次见面的时候，两位仍旧认识我。现在我就此告辞了。

巴萨尼奥：好先生，我不能不再向您提出一个请求，请您随便从我们身上拿些什么东西去，不算是酬谢，只算是留个纪念。请您答应我两件事儿：既不要推却，还要原谅我的要求。

鲍西娅：你们这样殷勤，倒叫我却之不恭了。（向安东尼奥）把您的手套送给我，让我戴在手上留个纪念吧；（向巴萨尼奥）为了纪念您的盛情，让我拿了这戒指去。不要缩回您的手，我不再向您要什么了；您既然是一片诚意，想来总也不会拒绝我吧。

巴萨尼奥：这指环吗，好先生？唉！它是个不值钱的玩意儿；我不好意思把这东西送给您。

鲍西娅：我什么都不要，就是要这指环；现在我想我非把它要来不可了。

巴萨尼奥：这指环的本身并没有什么价值，可是因为有其他的关系，我不能把它送人。我愿意搜访威尼斯最贵重的一枚指环来送给您，可是这一枚却只好请您原谅了。

鲍西娅：先生，您原来是个口头上慷慨的人；您先教我怎样伸手求讨，然后再教我懂得了一个叫化子会得到怎样的回答。

巴萨尼奥：好先生，这指环是我的妻子给我的；她把它套上我的手指的时候，曾经叫我发誓永远不把它出卖、送人或是遗失。

鲍西娅：人们在吝惜他们的礼物的时候，都可以用这样的话做推托的。要是尊夫人不是一个疯婆子，她知道了我对于这指环是多么受之无愧，一定不会因为您把它送掉了而跟您长久反目的。好，愿你们平安！（鲍西娅、尼莉莎同下。）

安东尼奥：我的巴萨尼奥少爷，让他把那指环拿去吧；看在他的功劳和我的交情份上，违犯一次尊夫人的命令，想来不会有什么要紧。

巴萨尼奥：葛莱西安诺，你快追上他们，把这指环送给他；要是可能的话，领他到安东尼奥的家里去。去，赶快！（葛莱西安诺下）来，我就陪着你到你府上；明天一早咱们两人就飞到贝尔蒙特去。来，安东尼奥。（同下。）

课文注释

1. 威廉·莎士比亚：（1564—1616 年）是文艺复兴时期英国以及欧洲最重要的作家，他一生写了许多剧本和诗歌，流传下来的有 37 部戏剧、2 首长诗和 154 首十四行诗。《哈姆雷特》、《奥赛罗》、《李尔王》和《麦克白》等四大悲剧是其创作高峰的标志。他被同时代的戏剧家称之为"时代的灵魂"，马克思也把他誉为"最伟大的戏剧天才"。

2. 公爵：指当时威尼斯的最高统治者。

3. 安东尼奥：威尼斯商人。

4. 巴萨尼奥：安东尼奥的朋友。

5. 夏洛克：放高利贷的犹太富翁。

6. 圣安息日：指犹太教的每周一次的圣日。

7. 尼莉莎：葛来西安诺的妻子，鲍西亚的侍女。

8. 尊翰：对别人来信的尊称。

9. 鲍西亚：巴萨尼奥的妻子，富商之女。

10. 但尼尔：以色列著名法官。

课后练习

一、仔细阅读课文，把握全篇的戏剧情节。说说鲍西娅是在什么情况下出场，又是怎样解决这场冲突的，从中可以看出她怎样的性格特点。

二、本文的焦点是什么？主动权是如何转移的？转折点在哪里？

三、排演"法庭审判"这场戏。

（本题旨在通过戏剧表演活动加深对课文的理解，增进对戏剧特点的认识。）

第六单元 古诗文

十六、关 雎

阅读提示

《诗经》是我国第一部诗歌总集，收集了自西周初年至春秋中叶五百多年的诗歌305篇。先秦称为《诗》，或取其整数称《诗三百》、《三百篇》。西汉时被尊为儒家经典后，才被称为《诗经》，且沿用至今。内容上分为风、雅、颂三部分，其中"风"是地方民歌，有十五国风，共一百六十首；"雅"主要是朝廷乐歌，分大雅和小雅，共一百零五篇；"颂"主要是宗庙乐歌，有四十首。其表现手法主要是赋、比、兴。"赋"就是铺陈（敷陈其事而直言之也），"比"就是类比（以彼物比此物也），"兴"就是启发（先言它物以引起所咏之词也）。《关雎》是《风》之始，也是《诗经》第一篇。古人把它冠于三百篇之首，说明对它评价很高。

《诗经》中的这首诗采用一些双声叠韵的连绵字，以增强诗歌音调的和谐美和描写人物的生动性。如"窈窕"是叠韵；"参差"是双声；"辗转"既是双声又是叠韵。用这类词修饰动作，如"辗转反侧"；摹拟形象，如"窈窕淑女"；描写景物，如"参差荇菜"，无不活泼逼真，声情并茂。

用韵方面，这首诗采取偶句入韵的方式。这种偶韵式支配着两千多年来我国古典诗歌谐韵的形式。而且全篇三次换韵，又有虚字脚"之"字不入韵，而以虚字的前一字为韵。这种在用韵方面的参差变化，极大地增强了诗歌的节奏感和音乐美。

关关雎鸠[1]，在河之洲[2]，窈窕淑女[3]，君子好逑[4]。
参差荇菜[5]，左右流之[6]。窈窕淑女，寤寐求之[7]。
求之不得，寤寐思服[8]。悠哉悠哉[9]，辗转反侧[10]。
参差荇菜，左右采之。窈窕淑女，琴瑟友之[11]。
参差荇菜，左右芼之[12]。窈窕淑女，钟鼓乐之。

课文注释

1. 关关：水鸟鸣叫的声音。雎（jū）鸠：一种水鸟。

2. 洲：水中的陆地。

3. 窈窕（yǎo tiǎo）：内心，外貌美好的样子。淑：好，善。

4. 君子：这里指女子对男子的尊称。逑（qiú）：配偶。

5. 参差（cēn cī）：长短不齐的样子。荇（xìng）菜：一种多年生的水草，叶子可以食用。

6. 流：用作"求"，意思是求取，择取。

7. 寤（wù）：睡醒。寐（mèi）：睡着。

8. 思：语气助词，没有实义。服：思念。

9. 悠：忧思的样子。

10. 辗转：转动。反侧：翻来覆去。琴瑟：琴和瑟都是古时的弦乐器。

11. 友：友好交往，亲近。

12. 芼 mào：拔取。

课后练习

一、《关雎》选自《   》，它是我国最早的一部诗歌总集，收录了从西周到春秋时期的305篇诗歌。按音乐分类，编为"＿＿＿＿＿"、"＿＿＿＿＿"、"＿＿＿＿＿"三类。《诗经》运用的表现手法是"＿＿＿＿、＿＿＿＿、＿＿＿＿"。

二、本诗围绕一个"＿＿＿＿"字，写一个男子对美好女子的爱慕追求，表现了我国古代人民对美满婚姻和幸福生活的向往和追求。

三、全诗用细腻生动的笔法描绘了一个青年男子对女子的思念，感情发展由＿＿＿＿＿，到＿＿＿＿＿，再到＿＿＿＿＿。

四、诗中被后人常引用的名句是："＿＿＿＿＿＿＿，＿＿＿＿＿＿＿"。

五、诗中的"＿＿＿＿＿＿＿"一句直接赞扬女子的文静、善良，也交代了小伙子追求她的原因；描写思念心上人，使人历历在目的一个细节是"＿＿＿＿＿＿＿"，现今已成成语。

六、"＿＿＿＿＿＿＿"、"＿＿＿＿＿＿＿"这一幻想和淑女结合的热闹场面，表达了青年男子对美好婚姻的希求和良好愿望。

七、这首诗是用了"兴"的手法。"兴"的手法是指"先言他物以引起所咏之词"，这首诗中的"他物"是＿＿＿＿＿＿＿；"所咏之词"指＿＿＿＿＿＿＿。

八、本诗塑造了一个什么样的人物形象？

九、背诵全诗。

十七、短歌行

曹 操[1]

阅读提示

曹操精兵法，善诗歌。用诗抒发自己的政治抱负，并反映汉末人民的苦难生活，诗风气魄雄伟，慷慨悲凉；散文亦清峻整洁，开启并繁荣了建安文学，给后人留下了宝贵的精神财富，史称"建安风骨"。鲁迅评价其为"改造文章的祖师"。同时曹操也擅长书法，尤工章草，唐朝张怀瓘在《书断》中评其为"妙品"。他的《短歌行》属乐府旧题，通过反复咏叹表达了渴望招纳贤才的急切心情，表现出诗人建立功业的强烈愿望和积极进取的人生态度。整首诗格调苍劲，诗意回环往复，感情深沉，迭宕起伏。诗中还多处运用了比兴手法，形象生动，寓意含蓄。

这首《短歌行》的主题非常明确，就是作者希望有大量人才来为自己所用。曹操在其政治活动中，为了扩大他在庶族地主中的统治基础，打击反动的世袭豪强势力，曾大力强调"唯才是举"，为此先后发布了"求贤令"、"举士令"、"求逸才令"等；而《短歌行》实际上就是一曲"求贤歌"。又正因为运用了诗歌的形式，含有丰富的抒情成分，所以就能起到独特的感染作用，有力地宣传了他所坚持的主张，配合了他所颁发的政令。

对酒当[2]歌，人生几何[3]？
譬如朝露[4]，去日苦多[5]。
慨当以慷[6]，忧思[7]难忘。
何以[8]解忧？唯有杜康[9]。
青青子衿，悠悠我心[10]。
但为君故[11]，沉吟[12]至今。
呦呦鹿鸣，食野之苹。
我有嘉宾，鼓瑟吹笙[13]。
明明如月，何时可掇[14]？
忧从中来[15]，不可断绝。
越陌度阡[16]，枉用相存[17]。
契阔谈宴[18]，心念旧恩[19]。

月明星稀，乌鹊南飞。

绕树三匝[20]，何枝可依？

山不厌高，海不厌深[21]。

周公吐哺[22]，天下归心

课文注释

1. 曹操（公元 155 年—公元 220 年），字孟德，沛国谯县（今安徽亳州）人。东汉末年杰出的政治家、军事家、文学家、书法家。

2. 当：义同"对"。

3. 几何：多少。这句是感叹人生短暂。

4. 朝露：早晨的露水，太阳一出就干，比喻人生短促。

5. "去日"句：过去了的日子苦于太多了。意为今后的时光很少了。

6. 慨当以慷：是"慷慨"的间隔用法。这里形容歌声激越。

7. 忧思：一作"幽思"，深藏的心事，指抱负。

8. 何以：以何，用什么。

9. 杜康：相传是最早造酒的人，一说黄帝时人，一说周时人。这里作为酒的代称。

10. 衿（jīn）：衣领。青衿是周代学子的服装，后以"青衿"指代读书人。悠悠：形容情思绵邈。"青青"两句用《诗经·郑风·子衿》成句，借以表示对贤才的渴慕。

11. 但：只。君：指思慕的贤才。故：缘故。

12. 沉吟：低声吟咏。

13. "呦呦"四句：用《诗经·小雅·鹿鸣》成句，表达礼遇贤才的心情。呦呦（yōu）：鹿叫的声音。

14. "明明"两句：意谓皎洁的月亮，什么时候停止它的运行呢？比喻求贤之思不绝。掇：同"辍"，停止。一说掇（duó），拾取之意，比喻理想可望而不可及。

15. 中：内心。

16. 越陌度阡：指客人远道而来。陌、阡是田间的小路。东西方向的叫陌，南北方向的叫阡。

17. 枉用相存：屈驾你来探望。枉：枉驾，屈驾。存：问候。

18. 契阔：聚散。契：投合。阔：疏远。这里指久别重逢。

19. 旧恩：往日的情谊。

20. 匝（zá）：周遍，环绕一圈。

21. "山不"两句：比喻招纳贤才，多多益善。

22. 周公吐哺：传说周公唯恐失天下之士，常常吃饭时停下来接待贤才。哺：咀嚼着的食物。这句是用周公的典故，表示要像周公那样礼贤下士。

课后练习

一、下列加点汉字注音正确的一项是（　　　）。

A. 譬如（pì）　　　慷慨（kǎi）　　　青衿（jīn）

B. 笙箫（shēng）　　阡陌（mò）　　　契合（qiè）

C. 周匝（zā）　　　哺育（pǔ）　　　鼓瑟（sè）

D. 沉吟（yín）　　　拾掇（duō）　　　呦呦（āo）

二、下列对诗句解说不正确的一项是（　　　）。

A. "对酒当歌，人生几何"和"何以解忧，唯有杜康"几句诗表达了功业未成的曹操悲观厌世的一面。

B. "青青子衿，悠悠我心"运用了"青衿"的典故，意在表达作者求贤若渴的愿望。

C. 根据当时的时代背景，诗人"忧从中来"的"忧"来自于壮志未酬却已年过半百的忧虑，来自于社会动荡，国家统一前途未卜的担忧等等。

D. "月明星稀，乌鹊南飞。绕树三匝，何枝可依"两联借乌鹊绕树表达"良禽择木而栖，贤臣择主而事"之意，希望天下贤士归于自己。

三、回答下面的问题。

1. 全诗反复出现一个"忧"字，诗人"忧"什么？

2. 如何理解"对酒当歌，人生几何？譬如朝露，去日苦多"这四句诗的思想感情？

四、背诵全诗。

十八、梦游天姥吟留别[1]

李　白

阅读提示

　　李白（701—762 年），字太白，号青莲居士，又号"谪仙人"。是唐代伟大的浪漫主义诗人，被后人誉为"诗仙"。他所作诗歌，总体风格豪放俊迈，清新飘逸，大气磅礴，气势十足。既反映了唐代的繁荣景象，也揭露了统治阶级的荒淫和腐败，表现出蔑视权贵，反抗传统束缚，追求自由和理想的积极精神，极具浪漫主义情怀。

　　这是一首记梦诗，也是游仙诗。诗写梦游仙府名山，着意奇特，构思精密，意境雄伟。感慨深沉激烈，变化惝恍莫测于虚无飘渺的描述中，寄寓着生活现实。虽离奇，但不做作。内容丰富曲折，形象辉煌流丽，富有浪漫主义色彩。形式上杂言相间，兼用骚体，不受律束，体制解放。信手写来，笔随兴至，诗才横溢，堪称绝世名作。

海客[2]谈瀛洲[3]，烟涛[4]微茫[5]信[6]难求[7]，越人[8]语天姥，云霞明灭[9]或可睹。天姥连天向天横[10]，势拔五岳掩赤城[11]。天台[12]一万八千丈，对此欲倒东南倾[13]。

我欲因之[14]梦吴越，一夜飞渡镜湖[15]月。湖月照我影，送我至剡溪[16]。谢公[17]宿处今尚在，渌[18]水荡漾清[19]猿啼。脚著谢公屐[20]，身登青云梯[21]。半壁见海日[22]，空中闻天鸡[23]。千岩万转路不定，迷花倚石忽已暝[24]。熊咆龙吟殷岩泉[25]，栗深林兮惊层巅[26]。云青青[27]兮欲雨，水澹澹兮生烟。列缺[28]霹雳，丘峦崩摧，洞天石扉，訇然中开[29]。青冥[30]浩荡不见底，日月照耀金银台[31]。霓为衣兮风为马，云之君[32]兮纷纷而来下。虎鼓瑟兮鸾[33]回车，仙之人兮列如麻。忽魂悸以魄动，恍[34]惊起而长嗟。惟觉[35]时之枕席，失向来之烟霞[36]。

世间行乐亦如此，古来万事东流水[37]。别君去兮何时还？且放白鹿青崖间，须行即骑访名山[38]。安能摧眉折腰[39]事权贵，使我不得开心颜。

课文注释

1. 天姥山：在今绍兴新昌县东五十里，东接天台山。传说曾有登此山者听到天姥（老妇）歌谣之声，故名。本诗选自《李太白全集》。唐玄宗天宝三年（公元744年），李白在长安受到权贵的排挤，被放出京。公元745年，他将由东鲁（山东）南游会稽（绍兴，越州），写了这首描绘梦中游历天姥山的诗，留给在东鲁的朋友，所以也题作《梦游天姥山别东鲁诸公》。

2. 海客：浪迹海上之人。

3. 瀛洲：传说中的东海仙山。

4. 烟涛：波涛渺茫，远看像烟雾笼罩的样子。

5. 微茫：景象模糊不清。

6. 信：实在。

7. 难求：难以寻访。

8. 越人：指浙江绍兴一带的人。

9. 云霞明灭：云霞忽明忽暗。

10. 天横：遮住天空。横，斩断。

11. 赤城：山名，在今浙江天台县北，为天台山的南门，土色皆赤。

12. 天台：山名，在今浙江天台县北。《十道山川考》："天台山在台州天台县北十里，高万八千丈，周旋八百里，其山八重，四面如一。"一万八千丈：形容天台山很高，是一种夸张的说法，并非实数。

13. 对此欲倒东南倾：对着（天姥）这座山，（天台山）就好像拜倒在它的东南面一样。意思是天台山和天姥山相比，就显得低了。

14. 因之：因，依据。之，指代诗文前段越人的话。

15. 镜湖：即今绍兴城北镜湖新区。

16. 剡（shàn）溪：水名，在浙江嵊州南面。

17. 谢公：指魏晋绍兴贵族兼诗人谢灵运。谢灵运喜欢游山。他游天姥山时，曾在剡溪居住。

18. 渌：清。

19. 清：这里是凄清的意思。

20. 谢公屐：谢灵运（穿的那种）木屐，谢灵运游山时穿的一种特制木鞋，鞋底下安着活动的锯齿，上山时抽去前齿，下山时抽去后齿。

21. 青云梯：指直上云霄的山路。

22. 半壁见海日：（上到）半山腰就看到从海上升起的太阳。

23. 天鸡：古代传说，东南有桃都山，山上有棵大树，树枝绵延三千里，树上栖有天鸡，每当太阳初升，照到这棵树上，天鸡就叫起来，天下的鸡也都跟着它叫。

24. 迷花倚石忽已暝：迷恋着花，依靠着石，不觉得天色已经晚了。暝，指天黑、夜晚。

25. 熊咆龙吟殷岩泉：熊在怒吼，龙在长吟，岩中的泉水在震响。"殷岩泉"就是"岩泉殷"。殷（yīn），形容声音大。这里用作动词，震响。

26. 栗深林兮惊层巅：使深林战栗，使层巅震惊。栗，使……战栗。惊：使……吃惊。

27. 青青：黑沉沉的。

28. 列缺：指闪电。

29. 洞天石扉，訇（hōng）然中开：仙府的石门，訇的一声从中间打开。洞天，仙人居住的洞府。扉，门扇。訇然，形容声音很大。

30. 青冥：青天。金银台：神仙所居之处。

31. 金银台：出自郭璞《游仙诗》："神仙排云出，但见金银台"。

32. 云之君：文章里指云神，泛指神仙。

33. 鸾：传说中凤凰一类的鸟。回，回旋、运转。

34. 恍：恍然，猛然。

35. 觉：醒。

36. 失向来之烟霞：刚才（梦中）所见的云霞消失了。向来，原来。烟霞，指前面所写的仙境。

37. 东流水：（像）东流的水一样（一去不复返）。

38. 且放白鹿青崖间，须行即骑访名山：暂且把白鹿放在青青的山崖间，等到要行走的时候就骑上它去访问名山。白鹿，传说神仙或隐士多骑白鹿。须，通"需"。

39. 摧眉折腰：摧眉，即低眉。低头弯腰，即卑躬屈膝。

课后练习

一、下列词语中注音有误的一组是（　　）。

A. 天姥（mǔ）　　　天台（tāi）　　　觉时（jiào）　　　暝色（míng）

B. 脚著（zhuó）　　訇然（hōng）　　澹澹（dàn）　　　渌水（lù）

C. 剡溪（shàn）　　殷雷（yǐn）　　　层巅（diān）　　战栗（lì）

D. 木屐（jī）　　　鸾鸟（luán）　　魂魄（pò）　　　霓裳（ní）

二、下列加点的字词解释有误的一组（　　）。

A. 烟涛微茫信难求（确实）

　　势拔五岳掩赤城（超出）

B. 忽魂悸以魄动（惊动）

　　失向来之烟霞（先前）

C. 天姥连天向天横（遮断）

　　虎鼓瑟兮鸾回车（驾驶）

D. 迷花倚石忽已暝（睡着）

　　熊咆龙吟殷岩泉（震响）

三、与"安能摧眉折腰事权贵"中"安"字用法意义相同的一项是（　　）。

A. 沛公安在　　　　　　　　B. 尔安敢轻吾射

C. 既来之，则安之　　　　　D. 离山十里有王平安营

四、诗中的"天姥连天向天横，势拔五岳掩赤城"一句中的"五岳"指东岳泰山、西岳华山、南岳衡山、北岳恒山、中岳嵩山。下面是分别描写它们的诗句，次序乱了，请选出符合下面排列次序的一组。（　　）

①西当绝漠雄秦塞，东控深滇壮帝畿。

②回飙吹散五峰雪，往往飞花落洞庭。

③翠岭千重色楚塞，黄河一线下秦川。

④海明日观三更晓，风动天门九夏秋。

⑤黄河万里触山动，盘涡毂转秦地雷。

A. ①③④②⑤　　　　　　　　B. ④⑤③①②

C. ④⑤②①③　　　　　　　　D. ④①③②⑤

五、本诗表达了作者怎样的思想感情？

六、背诵这首诗。

十九、念奴娇·赤壁怀古[1]

苏 轼

阅读提示

苏轼（1037—1101年），字子瞻，号东坡居士，宋代重要的文学家，唐宋八大家之一。北宋眉州眉山（今属四川省眉山市）人。嘉祐（宋仁宗年号，公元1056年—公元1063年）进士。他的诗题材广阔，清新豪健，善用夸张比喻，独具风格，与黄庭坚并称"苏黄"。词开豪放一派，与辛弃疾同是豪放派代表，并称"苏辛"。

《念奴娇》是苏轼贬官黄州后的作品。苏轼21岁中进士，30岁以前绝大部分时间过着书房生活，仕途坎坷，随着北宋政治风浪，几上几下。43岁（元丰二年）时因作诗讽刺新法，被捕下狱，出狱后贬官为黄州团练副使。因为这是个闲职，所以他可以在旧城营地辟畦耕种，游历访古。虽然政治上失意，滋长了他逃避现实和怀才不遇的思想情绪，但由于他豁达的胸怀，在祖国雄伟的江山和历史风云人物的激发下，借景抒情，写下了一系列脍炙人口的名篇，此词为其中之代表。

大江[2]东去，浪淘[3]尽，千古风流人物[4]。故垒[5]西边，人道是，三国周郎[6]赤壁。乱石穿空，惊涛拍岸，卷起千堆雪[7]。江山如画，一时多少豪杰。

遥想[8]公瑾当年，小乔初嫁了[9]，雄姿英发[10]。羽扇纶巾[11]，谈笑间，樯橹[12]灰飞烟灭。故国神游[13]，多情应笑我，早生华发[14]。人生如梦，一樽还酹江月[15]。

课文注释

1. 念奴娇：词牌名。又名"百字令""酹江月"等。赤壁：此指黄州赤壁，一名"赤鼻矶"，在今湖北黄冈西。而三国古战场的赤壁，文化界认为在今湖北赤壁市蒲圻县西北。

2. 大江：指长江（古时"江"特指长江，"河"特指黄河）。

3. 淘：冲洗，冲刷。

4. 风流人物：潇洒、倜傥的杰出人物。

5. 故垒：黄州古老的城堡。

6. 周郎：指三国时吴国名将周瑜，字公瑾，少年得志，二十四为中郎将，掌管东吴重兵，吴中皆呼为"周郎"。下文中的"公瑾"，即指周瑜。

7. 雪：比喻浪花。

8. 遥想：形容想得很远。

9. 小乔初嫁了（liǎo）：《三国志·吴志·周瑜传》载，周瑜从孙策攻皖，"得乔公两女，皆国色也。策自纳大乔，瑜纳小乔。"

10. 雄姿英发（fā）：谓周瑜体貌不凡，言谈卓绝。英发，谈吐不凡，见识卓越。

11. 羽扇纶（guān）巾：古代儒将的便装打扮。羽扇，羽毛制成的扇子。纶巾，青丝制成的头巾。

12. 樯橹（qiáng lǔ）：这里代指曹操的水军战船。樯，挂帆的桅杆。橹，一种摇船的桨。

13. 故国神游："神游故国"的倒文。故国：这里指故地，当年的赤壁战场。神游，于想象、梦境中游历。

14. "多情"二句："应笑我多情，早生华发"的倒文。华发（fà）：花白的头发。

15. 一樽还（huán）酹（lèi）江月：古人以酒浇在地上祭奠。这里指洒酒酹月，寄托自己的感情。樽：酒杯。

课后练习

一、下列各组词语中加点字的字形、注音都正确的一组是（　　）。

A. 纶（lún）巾　　酹（lèi）酒　　樵（qiáo）悴　　崩摧（cuī）

B. 纶（lǔn）巾　　酹（lēi）酒　　樵（qiáo）悴　　崩催（cuí）

C. 纶（guān）巾　　酹（lēi）酒　　樵（qiáo）悴　　崩摧（cuī）

D. 纶（guān）巾　　酹（lèi）酒　　樵（qiáo）悴　　崩摧（cuī）

二、《念奴娇·赤壁怀古》这首词，是怎样结合写景和怀古来抒发感情的？我们应当怎样认识作者对历史和人生的看法？

三、这首词里的写景，用词洗炼生动，着墨不多，却能表现出气势雄伟的"江山如画"的景象，你觉得哪些词句写得好？好在哪里？

四、赤壁之战中的英雄人物很多，如孙权、诸葛亮、刘备等等，作者为什么只写到周瑜，而不写其他人呢？

五、背诵这首词。

二十、青玉案·元夕[1]

辛弃疾

东风夜放花千树[2]，更吹落，星如雨[3]。宝马雕车[4]香满路。凤箫[5]声动，玉壶[6]光转，一夜鱼龙舞[7]。

蛾儿雪柳黄金缕[8]，笑语盈盈[9]暗香[10]去。众里寻他[11]千百度[12]，蓦然[13]回首，那人却在，灯火阑珊[14]处。

阅读提示

辛弃疾（1140—1207年），字幼安，号稼轩，山东济南府历城县人，南宋豪放派词人，人称词中之龙，与苏轼合称"苏辛"，与李清照并称"济南二安"。辛弃疾生于金国，少年抗金归宋，曾任江西安抚使、福建安抚使等职。追赠少师，谥忠敏。著有词集《稼轩长短句》，现存词600多首。强烈的爱国主义思想和战斗精神是他的词的基本思想内容。

作为一首婉约词，这首《青玉案》与北宋婉约派大家晏殊和柳永相比，在艺术成就上毫不逊色。词作从极力渲染元宵节绚丽多彩的热闹场面入手，反衬出一个孤高淡泊、超群拔俗和不同于金翠脂粉的女性形象，寄托着作者政治失意后，不愿与世俗同流合污的孤高品格。

词从开头起"东风夜放花千树"，就极力渲染元宵佳节的热闹景象：满城灯火，满街游人，火树银花，通宵歌舞。然而作者的意图不在写景，而是为了反衬"灯火阑珊处"的那个人的与众不同。本词描绘出元宵佳节通宵灯火的热闹场景，梁启超谓"自怜幽独，伤心人别有怀抱"，认为本词有寄托，可谓知音。

上片写元夕之夜灯火辉煌，游人如云的热闹场面，下片写不慕荣华，甘守寂寞的一位美人形象。美人形象便是寄托着作者理想人格的化身。"众里寻他千百度，蓦然回首，那人却在，灯火阑珊处"，王国维把这种境界称之为成大事业者、大学问者的第三种境界，确是大学问者的真知灼见。

课文注释

1. 元夕：夏历正月十五日为上元节、元宵节，此日之夜称元夕或元夜。

2. 花千树：花灯之多如千树开花。

3. 星如雨：指焰火纷纷，乱落如雨。星，指焰火。形容满天的烟花。

4. 宝马雕车：豪华的马车。

5. 凤箫：箫的名称。

6. 玉壶：比喻明月。

7. 鱼龙舞：指舞动鱼形、龙形的彩灯。

8. 蛾儿、雪柳、黄金缕：皆古代妇女元宵节时头上佩戴的各种装饰品。这里指盛装的妇女。

9. 盈盈：声音轻盈悦耳，亦指仪态娇美的样子。

10. 暗香：本指花香，此指女性们身上散发出来的香气。

11. 他：泛指，当时就包括了"她"。

12. 千百度：千百遍。

13. 蓦（mò）然：突然，猛然。

14. 阑珊（lán shān）：零落稀疏的样子。

课后练习

一、辛词以豪放悲壮风格为主，此词风格当属_____一类。词的上片运用了_____和_____的手法描写了_____，下片从_____、_____、_____的角度写_____。

二、请你概述一下抒情主人公所苦苦追寻的"意中人"的形象，它反映了词人什么样的追求？（不超过40个字）

_____

_____。

三、后世词人王国维曾借用本词中的哪几句词（可在原词中直接划线表示）来比喻研究学问终有所成的一种奇妙境界。王国维还借用了另外两位词人的词句来形容做大学问、成大事者所经历的另外两种境界，请分别写出有关词句。

_____

_____

四、背诵这首词。

二十一、劝 学

荀 子

阅读提示

荀子（约公元前313—公元前238年），名况，字卿，战国末期赵国人。著名思想家、文学家、政治家，儒家代表人物之一，时人尊称"荀卿"。西汉时因避汉宣帝刘询讳，因"荀"与"孙"二字古音相通，故又称孙卿。他曾三次出任齐国稷下学宫的祭酒，后为楚兰陵（位于今山东兰陵县）令。

荀子对儒家思想有所发展，在人性问题上，提倡"性恶论"，主张人性有恶，否认天赋的道德观念，强调后天环境和教育对人的影响。其学说常被后人拿来跟孟子的"性善论"比较，荀子对重新整理儒家典籍也有相当显著的贡献，著有《荀子》。

《劝学》篇是荀况的代表作之一。原文很长，这里节选了其中的三段。第一段着重论述学习的重要意义。它能使人"知明而行无过"，即提高思想认识和加强品德修养。第二段写学习能使人增长才干。有了知识才能"善假于物"，比一般不学无术的人来得高明。第三段写正确的学习态度和方法应当是循序渐进，不断积累，持之以恒，才能取得成效。全文围绕"学不可以已"的论题展开论述，层次井然。此文博喻和排比句式都有大量运用，且正反比照说理，逻辑严密，语言精警，突出体现了荀子说理雄辩的特色。

君子[1]曰：学不可以已。青，取之于蓝，而青于蓝；冰，水为之，而寒于水。木直中绳，𫐓[2]以为轮，其曲中规；虽有槁暴，不复挺者，𫐓使之然也。故木受绳则直，金就砺则利，君子博学而日参省乎己，则知[3]明而行无过矣。

吾尝终日而思矣，不如须臾之所学也；吾尝跂[4]而望矣，不如登高之博见也。登高而招，臂非加长也，而见者远。顺风而呼，声非加疾也，而闻者彰。假[5]舆马者，非利足也，而致千里；假舟楫者，非能水[6]也，而绝江河。君子生[7]非异也，善假于物也。

积土成山，风雨兴焉；积水成渊，蛟龙生焉；积善成德，而神明自得，圣心备焉。故不积跬[8]步，无以至千里；不积小流，无以成江海。骐骥一跃，不能十步；驽马十驾[9]，功在不舍。锲[10]而舍之，朽木不折；锲而不舍，金石可镂。蚓无爪牙之利，筋骨之强，上食埃土，下饮黄泉，用心一也。蟹六跪而二螯[11]，非蛇鳝[12]之穴无可寄托者，用心躁也。

课文注释

1. 君子：有学问有修养的人。

2. 輮（róu）：木材加工的一种方法，即用火熏烤，使木材弯曲变形。

3. 知：同"智"，智慧明达。

4. 跂（qì）：踮起脚跟站着。

5. 假：凭借，借助。

6. 水：指游泳，这里用作动词。

7. 生：同"性"。天资，资质。

8. 跬（kuǐ）步：古人以跨出一脚为跬，再跨出一脚为步。

9. 驾：马拉着车一天所走的路程为一驾。

10. 锲（qiè）：刻。

11. 跪：腿脚。螯（áo）：节足动物的第一对足，其末端状如钳，用以取食兼防御。蟹有八条腿，"六跪"，疑有误。另说，海蟹后面的两条腿只能划水，不能用来走路或自卫，所以不能算在"跪"里面。

12. 鳝（shàn）：指黄鳝。

课后练习

一、说说本文的论点是什么，作者是从哪几个方面来论述的。

二、找出本文的比喻句，分析这些比喻之间有怎样的关系，说明了几层意思。

三、结合上下文，给下面加点的字注音、释义。

1. 虽有槁暴

2. 其曲中规

3. 君子博学而日参省乎己

4. 则知明而行无过矣

5. 吾尝跂而望矣

6. 君子生非异也

四、在知识激增的现代社会，我们对于学习的看法有了很大变化。你认为荀子的观点是否过时？有哪些观点需要补充发展？

五、背诵全文。

二十二、鸿门宴

司马迁

阅读提示

司马迁（公元前145—公元前90年），字子长，夏阳（今陕西韩城南）人，一说龙门（今山西河津）人。中国西汉伟大的史学家、文学家、思想家。司马谈之子，任太史令，因替李陵败降之事辩解而受宫刑，后任中书令，发奋继续完成所著史籍，被后世尊称为太史公。

司马迁早年受学于孔安国、董仲舒，漫游各地，了解风俗，采集传闻。初任郎中，奉使西南。元封三年（公元前108年）任太史令，继承父业，著述历史。他以其"究天人之际，通古今之变，成一家之言"的史识创作了中国第一部纪传体通史《史记》（原名《太史公书》）。此书被公认为是中国史书的典范。该书记载了从上古传说中的黄帝时期，到汉武帝元狩元年，长达3000多年的历史，为"二十六史"之首，被鲁迅誉为"史家之绝唱，无韵之离骚"。

鸿门宴，指在公元前206年于秦朝都城咸阳郊外的鸿门（今陕西省西安市临潼区新丰镇鸿门堡村）举行的一次宴会。这次宴会在秦末农民战争及楚汉战争中皆发生重要影响，被认为间接促成项羽败亡以及刘邦成功建立汉朝。

本文记叙了刘邦、项羽两支起义军攻打秦朝，并对项羽和刘邦的不同性格特点作了生动的描写，故事情节在酒宴的形式之中险象丛生，波澜起伏。作者善于在尖锐的斗争中刻画人物性格特点。

文章描写项羽听了曹无伤告密之后的反应和听了项伯劝解之后的反应，形成两个极端，把项羽毫无主见，不辨忠奸，既易冲动又易受骗的性格勾画得十分鲜明。写项羽在鸿门宴上既不顾范增再三催促杀刘邦的暗示，又不制止项庄意在杀刘邦的舞剑，还把樊哙的愤激当作豪壮，对刘邦的逃席行为听之任之，处处表现他的优柔寡断。这些使项羽方面在这场斗争中一步步由主动转化为被动。

对刘邦的描写则与项羽形成鲜明对照。写刘邦在大难临头之时，虚心依靠张良为之谋划，不惜低三下四，花言巧语，屈尊拉拢项伯以为内线。写他在鸿门宴上，靠了项伯的保护，樊哙的忠勇，张良的应付，用尽心计脱身虎穴，处处表现他能屈能伸、狡诈多端、善耍手腕，又很会笼络人心的特点。这使刘邦在这场斗争中一步步由被动转化为主动。

沛公军霸上，未得与项羽相见。沛公左司马曹无伤使人言于项羽曰："沛公欲王关中，使子婴为相，珍宝尽有之。"项羽大怒，曰："旦日飨[1]士卒，为击破沛公军！"当是时，项羽兵四十万，在新丰鸿门，沛公兵十万，在霸上。范增说项羽曰："沛公居山东时，贪于财货，好美姬。今入关，财物无所取，妇女无所幸[2]，此其志不在小。吾令人望其气[3]，皆为龙虎，成五采，此天子气也。急击勿失。"

楚左尹项伯者，项羽季父也，素善[4]留侯张良。张良是时从沛公，项伯乃夜驰之沛公军，私见张良，具[5]告以事，欲呼张良与俱去。曰："毋从俱死也[6]。"张良曰："臣为韩王送沛公，沛公今事有急，亡去[7]不义，不可不语[8]。"良乃入，具告沛公。沛公大惊，曰："为之奈何？"张良曰："谁为大王为此计者？"曰："鲰生[9]说我曰'距关，毋内[10]诸侯，秦地可尽王也'。故听之。"良曰："料大王士卒足以当[11]项王乎？"沛公默然，曰："固[12]不如也，且为之奈何？"张良曰："请往谓项伯，言沛公不敢背项王也。"沛公曰："君安与项伯有故[13]？"张良曰："秦时与臣游[14]，项伯杀人，臣活之[15]。今事有急，故幸来告良。"沛公曰："孰与君少长[16]？"良曰："长于臣。"沛公曰："君为我呼入，吾得兄事之[17]。"张良出，要[18]项伯。项伯即入见沛公。沛公奉卮[19]酒为寿，约为婚姻，曰："吾入关，秋毫[20]不敢有所近，籍[21]吏民，封府库[22]，而待将军。所以遣将守关者，备他盗之出入与非常[23]也。日夜望将军至，岂敢反乎！愿伯具言臣之不敢倍德也[24]。"项伯许诺。谓沛公曰："旦日不可不蚤[25]自来谢项王[26]。"沛公曰："诺。"于是项伯复夜去，至军中，具以沛公言报项王。因言曰："沛公不先破关中，公岂敢入乎？今人有大功而击之，不义也，不如因而善遇之。"项王许诺。

沛公旦日从百余骑[27]来见项王，至鸿门，谢曰："臣与将军戮力而攻秦，将军战河北，臣战河南，然不自意[28]能先入关破秦，得复见将军于此。今者有小人之言，令将军与臣有郤。"项王曰："此沛公左司马曹无伤言之；不然，籍何以至此。"项王即日[29]因留沛公与饮。项王、项伯东向坐[30]，亚父南向坐。亚父者，范增也。沛公北向坐，张良西向侍。范增数目[31]项王，举所佩玉玦以示之者三[32]，项王默然不应。范增起，出召项庄，谓曰："君王为人不忍[33]，若[34]入前为寿，寿毕，请以剑舞，因击沛公于坐，杀之。不者[35]，若属[36]皆且[37]为所虏[38]。"庄则入为寿。寿毕，曰："君王与沛公饮，军中无以为乐，请以剑舞。"项王曰："诺。"项庄拔剑起舞，项伯亦拔剑起舞，常以身翼蔽[39]沛公，庄不得击。

于是张良至军门，见樊哙。樊哙曰："今日之事何如？"良曰："甚急。今者项庄拔剑舞，其意常在沛公也。"哙曰："此迫矣，臣请入，与之同命[40]。"哙即带剑拥[41]盾入军门。交戟[42]之卫士欲止不内，樊哙侧其盾以撞，卫士仆[43]地，哙遂入，披[44]帷西向立，瞋目[45]视项王，头发上指，目眦[46]尽裂。项王按剑而跽[47]曰："客何为者？"张良曰："沛公之参乘[48]樊哙者也。"项王曰："壮士，赐之卮酒。"则与斗[49]卮酒。哙拜谢，起，立而饮之。项王曰："赐之彘肩[50]。"则与一生彘肩。樊哙覆其盾于地，加彘肩上，拔剑切而啖⁵¹之。项王曰："壮士，能复饮乎？"樊哙曰："臣死且不避，卮酒安足辞！夫秦王有虎狼之心，杀人如不能举⁵²，刑人⁵³如不恐胜，天下皆叛之。怀王与诸将约曰'先破秦入咸阳者王之'。今沛公先破秦入咸阳，毫毛不敢有所近，封闭宫室，还军霸上，以待大王来。故遣将守关者，备他盗之出入与非常也。劳苦功高如此，未有封侯之赏，而听细说⁵⁴，欲诛有功之人。此亡秦之续耳，窃为大王不取也。"项王未有以应，曰："坐。"樊哙从良坐。坐须臾，沛公起如厕⁵⁵，因招樊哙出。

沛公已出，项王使都尉陈平召沛公。沛公曰："今者出，未辞也，为之奈何？"樊哙曰："大行⁵⁶不顾细谨，大礼⁵⁷不辞小让。如今人方为刀俎⁵⁸，我为鱼肉，何辞为！"于是遂去，乃令张良留谢。良问曰："大王来何操⁵⁹？"曰："我持白璧一双，欲献项王，玉斗一双，欲与亚父，会⁶⁰其怒，不敢献。公为我献之。"张良曰："谨诺。"当是时，项王军在鸿门下，沛公军在霸上，相去四十里。沛公则置⁶¹车骑，脱身独骑，与樊哙、夏侯婴、靳强、纪信等四人持剑盾步走⁶²，从郦山下，道⁶³芷阳间行。沛公谓张良曰："从此道至吾军，不过二十里耳。度⁶⁴我至军中，公乃入。"

沛公已去，间至军中。张良入谢，曰："沛公不胜⁶⁵杯杓，不能辞。谨使臣良奉白璧一双，再拜⁶⁶献大王足下；玉斗一双，再拜奉大将军足下。"项王曰："沛公安在？"良曰："闻大王有意督过⁶⁷之，脱身独去，已至军矣。"项王则受璧，置之坐上。亚父受玉斗，置之地，拔剑撞而破之，曰："唉！竖子⁶⁸不足与谋。夺项王天下者，必沛公也，吾属今为之虏矣。"

沛公至军，立诛杀曹无伤。

课文注释

1. 旦日：明天。飨：用酒食款待，这里指犒劳。
2. 幸：宠幸，宠爱。
3. 气：预示吉凶之气。汉代方士多有望气之术，认为望某方云气即可测知吉凶。
4. 善：跟……要好。
5. 具：全部。
6. 毋从俱死：不要跟着沛公一起死。又王念孙认为"从"当作"徒"，意思是白白地。
7. 亡去：逃离。
8. 语（yù）：告诉。
9. 鲰（zōu）生：浅薄愚陋的小人。"鲰"，小。
10. 内：同"纳"之义。
11. 当：挡住，抵挡。
12. 固：固然，当然。

13. 安：何，怎么。有故：有旧交。

14. 游：交游，交往。

15. 活之，使之活，使他免于死罪。

16. 孰与君少长：跟你相比年纪谁大谁小。

17. 兄事之：像对待兄长一样侍奉他。"事"，侍奉。

18. 要：邀请。

19. 卮（zhī）：酒器。为寿：古时献酒致祝颂词叫为寿。

20. 秋毫：秋天动物身上新长出的细毛，比喻极细微的东西。

21. 籍：登记。

22. 府库：仓库。

23. 非常：指意外变故。

24. 倍德：就是忘恩负义的意思。"倍"，同"背"。

25. 蚤：通"早"。

26. 谢项王：向项王赔罪。"谢"，谢罪，道歉。

27. 从百余骑：带领随从一百多人。骑：骑兵。

28. 不自意：自己没想到。

29. 即日：当天。

30. 东向坐：面朝东坐。这是表示尊贵。

31. 目：用眼色示意。

32. 玦（jué）：环形而有缺口的佩玉。三：这里是表示好几次。

33. 忍：狠心。

34. 若：汝，你。

35. 不者：不然的话。"不"，同"否"。

36. 若属：你们这班人。

37. 且：将。

38. 为所虏：被他俘虏。

39. 翼蔽：遮蔽，掩护。"翼"，用翼遮盖，保护。

40. 与之同命：跟沛公共生死。一说："同命"，拼命。

41. 拥：抱，持。

42. 交戟：把戟交叉起来。

43. 仆：倒下。

44. 披：分开。

45. 瞋（chēn）目：睁大眼睛。

46. 眦（zì）：眼眶。

47. 跽（jì）：长跪，挺直上身跪起来。按：古人席地而坐，坐时臀部压在小腿上，挺直上身就显得身子长了，叫长跪，就是跽。

48. 参乘，即"骖乘"，古代主将战车上居于右侧担任护卫的武士，又叫车右。

49. 斗：古代盛酒器。《会注考证》引李笠说《汉书·樊哙传》"与"下无"斗"字，"斗"盖衍字。

50. 彘（zhì）肩：猪腿。

51. 啖（dàn）：吃。

52. 举：尽。

53. 刑人：给人用刑。胜：尽，极。

54. 细说：指小人的谗言。

55. 如厕：上厕所。如，往。

56. 大行：指干大事。细谨：小的礼节。谨，仪节，礼节。

57. 大礼：指把握大节。辞：推辞，这里有避开，回避的意思。小让：小的责备。

58. 俎（zǔ）：切肉的砧板。

59. 何操：带了什么。操，持，拿。

60. 会：正赶上，恰巧。

61. 置：放下，丢下。

62. 步走：徒步跑，指不骑马乘车。

63. 道：取道，经过。间行：抄小道走。

64. 度：估计。

65. 不胜杯勺：意思是不能再喝。不胜，禁不起。杯勺，两种酒器，这里借指酒。

66. 再拜：表示恭敬的礼节，这里就是恭敬的意思。

67. 督过：责备。

68. 竖子：等于说小子，奴才。《会注考证》："竖子，斥项庄辈，而暗讥项羽也。"

课后练习

一、给下列句中加点的字注音。

1. 沛公欲王（　　）关中

2. 旦（　　）日飨（　　）士卒，为（　　）击破沛公军

3. 范增说（　　）项羽曰

4. 好（　　）美姬

5. 皆为（　　）龙虎

6. 未得与项羽相（　　）见

7. 使子婴为相（　　）

二、解释下列多义词。

1. 军

（1）沛公军霸上（　　　）

（2）为击破沛公军（　　　）

（3）项伯乃夜驰之沛公军（　　　）

（4）籍吏民，封府库，而待将军（　　　）

2. 相

（1）未得与项羽相见（　　　）

（2）使子婴为相（　　　）

3. 为

（1）为击破沛公军（　　　）

（2）皆为龙虎（　　　）

（3）谁为大王为此计者（　　　）

4. 于

（1）人言于项王曰（　　　）

（2）贪于财货（　　　）

（3）长于臣（　　　）

三、刘邦亲赴鸿门宴的主要原因是什么？

四、项羽失败的原因是什么？

五、试分析刘邦、项羽的性格特点。

二十三、游褒禅山记

王安石

阅读提示

王安石（1021—1086年），字介甫，号半山，临川（今江西抚州市临川区）人，北宋著名的思想家、政治家、文学家和改革家。庆历二年（公元1042年），王安石进士及第，历任扬州签判、鄞县知县、舒州通判等职，政绩显著。于熙宁二年（公元

1069 年），任参知政事，次年拜相，主持变法。后因守旧派反对，在熙宁七年（公元 1074 年）罢相。一年后，宋神宗再次起用，旋又罢相，退居江宁。元祐元年（公元 1086 年），保守派得势，新法皆废，郁然病逝于钟山（今江苏南京），谥号"文"，故世称王文公。王安石生平潜心研究经学，著书立说，被誉为"通儒"，创"荆公新学"，促进宋代疑经变古学风的形成。哲学上，用"五行说"阐述宇宙生成，丰富和发展了中国古代朴素唯物主义思想；其哲学命题"新故相除"，把中国古代辩证法推到一个新的高度。

王安石在文学中具有突出成就。其散文论点鲜明、逻辑严密，有很强的说服力，充分发挥了古文的实际功用。散文简洁峻切、短小精悍，名列"唐宋八大家"。其诗"学杜得其瘦硬"，擅长于说理与修辞，晚年诗风含蓄深沉、深婉不迫，以丰神远韵的风格在北宋诗坛自成一家，世称"王荆公体"。有《王临川集》、《临川集拾遗》等存世。

本文由王安石所著，不同于一般的游记——其不重山川风物的描绘，而重在因事说理，以说理为目的，记游的内容只是说理的材料和依据；文章以记游的内容为喻，生发议论，因事说理，以小见大，准确而充分地阐述一种人生哲理，给人以思想上的启发，使完美的表现形式与深刻的思想内容和谐统一。

文章前面记游山，后面谈道理，记叙和议论结合得紧密而自然，并且前后呼应，结构严谨，行文缜密。文中的记游内容是议论的基础，是议论的事实依据；议论是记游内容在思想认识上的理性概括和深化。前面的记游处处从后面的议论落笔，为议论作铺垫；后面的议论又处处紧扣前面的记游，赋予记游内容以特定的思想意义。记叙和议论相辅相成，互为补充，相得益彰。

襄禅山亦谓之华山，唐浮图[1]慧褒始舍于其址，而卒葬之[2]；以故其后名之曰"襄禅"[3]。今所谓慧空禅院[4]者，褒之庐冢也。距其院东五里，所谓华山洞者，以其乃华山之阳名之也[5]。距洞百余步，有碑仆道[6]，其文漫灭[7]，独其为文犹[8]可识曰"花山"。今言"华"如"华实"之"华"者，盖音谬也[9]。

其下平旷，有泉侧出[10]，而记游者甚众，所谓前洞也。由山以上五六里，有穴窈然[11]，入之甚寒，问[12]其深[13]，则[14]其好游者不能穷[15]也，谓之后洞。余与四人拥火以入[16]，入之愈深，其进愈难，而其见愈奇。有怠[17]而欲出者，曰："不出，火且尽。"遂与之俱出。盖[17]余所至，比好游者尚不能十一，然视其左右，来而记之者已少。盖其又深，则其至又加少矣。方是时[19]，余之力尚足以入，火尚足以明也。既其出，则或咎其欲出者，而余亦悔其随之，而不得极夫游之乐也。

于是[20]余有叹焉。古人之观于天地、山川、草木、虫鱼、鸟兽，往往有得，以其求思之深而无不在[21]也。夫[22]夷[23]以近，则游者众；险以远，则至者少。而世之奇伟、瑰怪，非常之观²⁴，常在于险远²⁵，而人之所罕至焉，故非有志者不能至也。有志矣，不随²⁶以²⁷止也，然力不足者，亦不能至也。有志与力，而又不随以怠，至于幽暗昏惑而无物以相之²⁸，亦不能至也。然力足以至焉，于人²⁹为可讥，而在己为有悔；尽吾志也而不能至者，可以无悔矣，其孰³⁰能讥之乎？此余之所得³¹也！

余于仆碑，又以悲夫古书之不存，后世之谬其传³²而莫能名者，何可胜道³³也哉！此所以³⁴学者不可以不深思而慎取³⁵之也。

四人者：庐陵³⁶萧君圭君玉，长乐³⁷王回深父，余弟安国平父、安上纯父³⁸。

至和元年³⁹七月某日，临川王某记。

课文注释

1. 浮图：梵（fàn）语（古印度语），音译词，也写作"浮屠"或"佛图"，本意是佛或佛教徒，这里指和尚。慧褒：唐代高僧。舍：名词活用作动词，建舍定居。址：地基，基部，基址，这里指山脚。

2. 而：连词，并且。卒：最终。之：指褒禅山麓。

3. 以故：因为（这个）缘故，译为"因此"。名：命名，动词。禅：梵语译音"禅那"的简称，意思是"静思"，指佛家追求的一种境界。后来泛指有关佛教的人和事物，如禅师、禅子、坐禅、禅房、禅宗、禅林、禅杖等。褒禅，慧褒禅师。

4. 慧空禅院：寺院名。庐冢（zhǒng）：古时为了表示孝敬父母或尊敬师长，在他们死后的服丧期间，为守护坟墓而盖的屋舍，也称"庐墓"。这里指慧褒弟子在慧褒墓旁盖的屋舍。庐：屋舍。冢：坟墓。禅院：佛寺。

5. 华山洞：南宋王象生《舆地纪胜》写作"华阳洞"，看正文下出应写作"华阳洞"。以：因为。乃：表示判断，有"为""是"的意思。阳：山的南面。古代称山的南面、水的北面为"阳"，山的北面、水的南面为"阴"。名：命名，动词。

6. 仆道："仆（于）道"的省略，倒在路旁。

7. 文：碑文，与下文"独其为文（碑上残存的文字）"的"文"不同。漫灭：指因风化剥落而模糊不清。

8. 独：唯独，只有。其：指代石碑。文：文字，这里指的是碑上残存的文字。犹：还，仍。

9. 今言"华"（huā）如"华（huá）实"之"华（huá）"者，盖音谬也：汉字最初只有"华（huā）"字，没有"花"字，后来有了"花"字，"华""花"分家，"华"才读为（huá）。（王安石认为碑文上的"花"是按照"华"的古音而写的今字，仍应读 huā，而不应读"华（huá 奢侈、虚浮）实"的 huá。按，这里说的不是五岳中的"华（huà）山"）。言：说。盖：承接上文，解释原因，有"大概因为"的意思。谬：错误。

10. 侧出：从旁边涌出。

11. 窈（yǎo）然：深远幽暗的样子。

12. 问：探究，追究。

13. 深，形容词活用作名词，深度。

14. 则：副词，用于判断句表示肯定，相当于"就"。

15. 穷：穷尽。

16. 拥火：拿着火把。拥，持，拿。以：连词，连接状语与中心词。

17. 怠：懈怠。

18. 盖：表猜测的发语词，大概。

19. 方是时：正当这个时候。方：当，正在。是时：指决定从洞中退出的时候。

20. 于是：对于这种情况，因此。

21. 无不在：无所不在，没有不探索、思考的，指思考问题广泛全面。

22. 夫：表议论的发语词。

23. 夷：平坦。

24. 观：景象，景观。

25. 险远，形容词活用作名词，险远的地方。

26. 随：跟随（别人），"随"字后面省略"之"。

27. 以：连词，表结果，以致，以至于。

28. 至于：这里是抵达、到达的意思，不同于现代汉语用在下文开头，表示提出另一话题。幽暗昏惑：幽深昏暗，叫人迷乱（的地方）。昏惑：迷乱。以：连词，表目的。相（xiàng）：帮助，辅助。

29. 于人：在别人（看来）。为：是。

30. 孰：谁。

31. 得：心得，收获。

32. 谬其传：把那些（有关的）传说弄错。谬，使……谬误，把……弄错。莫能名：不能说出真相（一说真名）。

33. 何可胜道：怎么能说得完。胜，尽。

34. 所以：表示"……的原因"。

35. 慎取：谨慎取舍。

36. 庐陵：现在江西吉安。

37. 长乐：现在福建长乐。王回，字深父。父：通"甫"，下文的"平父""纯父"的"父"同。

38. 安国平父、安上纯父：王安国，字平父。王安上，字纯父。

39. 至和元年：公元1054年。至和：宋仁宗的年号。临川：现在江西临川。王某：

王安石。古人作文起稿，写到自己的名字，往往只作"某"，或者在"某"上冠姓，以后在誊写时才把姓名写出。根据书稿编的文集，也常常保留"某"的字样。

课后练习

一、解释下列句中所提示的词语。

1. 乃：

（1）以其乃华山之阳名之也

（2）今其智乃反不能及，何也

（3）良乃入，具告沛公

（4）于是为长安君约车百乘质于齐，兵乃出

2. 道：

（1）有碑仆道

（2）师者，所以传道受业解惑也

（3）于是废先王之道，焚百家之言，以愚黔首

（4）何可胜道也哉

（5）策之不以其道

3. 以：

（1）以其求思之深而无不能至也

（2）夫夷以近，则游者众

（3）又以悲夫古书之不存

（4）以故其后名之曰"褒禅"

（5）以其乃华山之阳名之也

二、指出下列句中的词类活用的词。

1. 唐浮图慧褒始舍于其址

2. 以故其后名之曰

3. 以其乃华山之阳名之也

4. 问其深，则其好游者不能穷也

5. 其进愈难，而其见愈奇

6. 火尚足以明也

三、解释下列句中词语的意义。

1. 非常：而世之奇伟，瑰怪，非常之观

2. 学者：此所以学者不可以不深思而慎取之也

3. 十一：盖余所至，比好游者不能十一

4. 于是：于是余有叹焉

四、翻译下列句子。

1. 以其乃华山之阳名之也。

2. 今言"华"如"华实"之"华"者，盖音谬也。

3. 而余亦悔其随之而不得极夫游之乐也。

4. 以其求思之深而无不在也。

5. 而人之所罕至焉，故非有志者不能至也。

6. 至于幽暗昏惑而无物以相之，亦不能至也。

7. 其孰能讥之乎？

8. 余于仆碑，又悲夫古书之不存，后世之谬其传而莫能名者，何可胜道也哉！

9. 此所以学者不可以不深思而慎取之也。

五、阅读此文后，给你的启示是什么？

单元测试试卷

第一单元测试试卷

（建议考试时间：90 分钟，满分：100 分）

一、选择题（每题 3 分　共 21 分）

1. 下列词语中，加点字的读音全都正确的一项是（　　）

A. 敷（fú）衍　　勋（xūn）章　　朝（zhāo）不保夕

B. 屠（tú）户　　殷（yīn）勤　　不战自溃（kuì）

C. 哑（yǎ）巴　　狡黠（xià）　　胰（yí）岛素

D. 阎（yan）王　　荒（huāng）唐　　丧魂落魄（pō）

2. 下列词语，没有错别字的一项是（　　）。

A. 款待　鲁莽　惭缺不全　铁石心肠　　B. 刮沙　惦念　鼓舞人心　冷眼旁观

C. 绞脸　剃头　婚丧嫁娶　光芒四射　　D. 书籍　拙劣　乌合之众　有求必应

3. 依次填入下列横线上的词语，恰当的一项是（　　）。

①中国外交部发言人朱邦造严正_____，美国报纸有关中国与塔利班关系的报道与事实严重不符。

②自从参与伊斯兰圣地麦地那清真寺的重建工作后，年轻的本·拉登开始_____于伊斯兰教义中。

③在瓜果蔬菜上喷洒农药，会直接_____人们的健康。

A. 声明　沉溺　妨害　　　　　　　　B. 申明　沉湎　妨害

C. 申明　沉溺　妨碍　　　　　　　　D. 声明　沉湎　妨碍

4. 下列各句中，加点的成语使用恰当的一句是（　　）。

A. 有的商品广告言过其实，误导消费者。

B. 学校准备举行秋季运动会，大家都兴致勃勃，体育委员更是推波助澜，积极组织班级同学报名参加。

C. 犯了错误首先应该检查自己，无动于衷或因此居功自傲，都是不对的。

D. 他的文章题材新颖，内容生动，有不少观点是一孔之见。

5. 对下列各句所运用的修辞手法的判断，正确的一项是（　　）。

①他脚上穿着一双老式的牛伯伯打游击的大皮鞋，摇摇晃晃像陆上的河马。

②虽然我知道即使每天买两张奖券，对他也不能有什么帮助，但买奖券使我感到心安，并使同情找到站立的地方。

③每次，我总是沉默耐心等待，看他把心情装进红封套，温暖四处流动着。

④老人花了很大的力气，才把我的扣子扣好，那时我真正感觉到人明净的善意，不管外表是怎么样的污秽，都会从心的深处涌出。

A. 比喻　移用　拟人　移用　　　　　B. 比喻　拟人　移用　移用

C. 比喻　移用　通感　移用　　　　　D. 比喻　拟人　移用　通感

6. 下列句子中，没有语病的一句是（　　）。

A. 校区总体设计工作，融会了各派的建筑风格，得到大家的充分肯定。

B. 展览馆里陈列着各式各样的孔繁森同志生前使用过的东西。

C. 大批灾区儿童重新走进了宽敞明亮的教室，坐上了崭新的桌椅，广大家长对此十分满意。

D. 降价促销是一种低层次的竞争手段，通过降价来促销，有如饮鸩止渴。

7. 下列各项中，标点符号使用正确的一句是（　　）。

A. 我向老人买过很多很多奖券，从未中过奖，但每次接过小红套时，我觉得那一刻已经中奖了，真的是"一券在手，希望无穷。"

B. 我向老人买过很多很多奖券，从未中过奖，但每次接过小红套时，我觉得那一刻已经中奖了，真的是"一券在手，希望无穷"！

C. 我向老人买过很多很多奖券，从未中过奖，但每次接过小红套时，我觉得那一刻已经中奖了，真的是"一券在手，希望无穷"。

D. 我向老人买过很多很多奖券，从未中过奖，但每次接过小红套时，我觉得那一刻已经中奖了，真的是"一券在手，希望无穷！"

二、填空题（每空 1 分　共 5 分）

1. 《我的母亲》作者是＿＿＿＿＿，原名舒庆春，字舍予，满族，北京人，中国现代小说家、戏剧家、著名作家，因作品很多，获得"人民艺术家"称号。代表作有长篇小说＿＿＿＿＿＿、《四世同堂》；话剧《＿＿＿＿＿＿》《龙须沟》等。

2. 汪曾祺江苏高邮人，中国当代文学史上著名的＿＿＿＿＿、＿＿＿＿＿、＿＿＿＿＿京派作家的代表人物。

三、阅读分析（34 分）

（一）我的母亲

当我在小学毕了业的时候，亲友一致的愿意我去学手艺，好帮助母亲。我晓得我应当去找饭吃，以减轻母亲的勤劳困苦。可是，我也愿意升学。我偷偷的考入了师范学校——制服，饭食，书籍，宿处，都由学校供给。只有这样，我才敢对母亲说升学的话。入学，要交十圆的保证金。这是一笔巨款！母亲作了半个月的难，把这巨款筹到，而后含泪把我送出门去。她不辞劳苦，只要儿子有出息。当我由师范毕业，而被派为小学校校长，母亲与我都一夜不曾合眼。我只说了句："以后，您可以歇一歇了！"她的回答只有一串串的眼泪。我入学之后，三姐结了婚。母亲对儿女是都一样疼爱的，但是假若她也有点偏爱的话，她应当偏爱三姐，因为自父亲死后，家中一切的事情都是母亲和三姐共同撑持的。三姐是母亲的右手。但是母亲知道这右手必须割去，她不能为自己的便利而耽误了女儿的青春。当花轿来到我们的破门外的时候，母亲的手就和冰一样的凉，脸上没有血色——那是阴历四月，天气很暖。大家都怕她晕过去。可是，她挣扎着，咬着嘴唇，手扶着门框，看花轿徐徐的走去。不久，姑母死了。三姐已出嫁，哥哥不在家，我又住学校，家中只剩母亲自己。她还须早晓至晚的操作，可是终日没人和她说一句话。新年到了，正赶上政府倡用阳历，不许过旧年。除夕，我请了两小时的假。由拥挤不堪的街市回到清炉冷灶的家中。母亲笑了。及至听说我还须回校，她愣住了。半天，她才叹出一口气来。到我该走的时候，她递给我一些花生，"去吧，小子！"街上是那么热闹，我却什么也没看见，泪遮迷了我的眼。今天，泪又遮住了我的眼，又想起当日孤独的过那凄惨的除夕的慈母。可是慈母不会再候盼着我了，她已入了土！

1. 这段话以时间为顺序，共写了三件事：（每小题3分）

① _____

② _____

③ _____

2. 该段文字可划分为三个层次，请用"//"在原文中标出。（每层1分）

3. 该段语言的最大特点是 _____

文字看似 _____

却蕴含着作者对母亲深深的 _____之情。（每空2分）

（二）好雪片片

我每次经过那里，总会向老人买两张奖券，虽然我知道即使每天买两张奖券，对他也不能有什么帮助，但买奖券使我感到心安，并使同情找到站立的地方。记得第一次向他买奖券那一幕，他的手、他的奖券、他的衣服同样的油腻污秽，他缓缓地把奖券撕下，然后在衣袋中摸索着，摸索半天掏出一个小小的红色塑胶套，这套子竟是崭新的，美艳的无法和他相配。

老人小心地把奖券装进红色塑胶套，由于手的笨拙，使这个简单动作也十分艰困。

"不用装套子了。"我说。

"不行的，讨个喜气，祝你中奖！"老人终于笑了，露出缺几颗牙的嘴，说出充满乡音的话。

他终于装好了，慎重地把红套子交给我，红套子上写着八个字："一券在手，希望无穷。"

后来我才知道，不管是谁买奖券，他总会努力地把奖券装进红套子里。慢慢我理解到了，小红套原来是老人对买他奖券的人一种感激的表达。每次，我总是沉默耐心等待，看他把心情装进红封套，温暖四处流动着。

和老人逐渐认识后，有一年冬天黄昏，我向他买奖券，他还没有拿奖券给我，先看见我穿了单衣，最上面的两个扣子没有扣。老人说："你这样会冷吧！"然后，他把奖券夹在腋下，伸出那双油污的手，要来帮我扣扣子，我迟疑一下，但没有退避。

老人花了很大的力气，才把我的扣子扣好，那时我真正感觉到人明净的善意，不管外表是怎么样的污秽，都会从心的深处涌出，在老人为我扣扣子的那一刻，我想起了自己的父亲，鼻子因而酸。

老人依然是街头的流浪汉，把全部的家当带在身上，我依然是我，向他买着无关紧要的奖券。但在我们之间，有一些友谊，装在小红套，装在眼睛里，装在不可测的心之角落。

我向老人买过很多很多奖券，多未中过奖，但每次接过小红套时，我觉得那一时刻已经中奖了，真的是"一券在手，希望无穷"。我的希望不是奖券，而是人的好本质，不会被任何境况所淹没。我想到伟大的禅师庞蕴说的："好雪片片，不落别处！"我们生活中的好雪，明净之雪也是如此，在某时某地当下即见，美丽的落下，落下的雪花不见了，但灌溉了我们的心田。

1. 给加点字注音。(4分)

①奖券（　　　）　　②慎重（　　　）　　③腋下（　　　）　　④污秽（　　　）

2. 文中写"我"以在老人那里买奖券"感到安心"，"并使同情找到站立的地方"，为什么感到安心？"并使同情找到站立的地方"是什么意思？从中可以看出"我"是一个什么样的人？(4分)

3. 当老人帮"我"扣扣子时，为什么"我"迟疑了一下，却没有退避？(3分)

4. 在我们周围有一些像文中"老人"这样的人，他们生活艰难，却拥有着金子般的心灵。请结合课文与自己的感悟，谈谈你该如何对待他们。（5分）

四、作文（40分）

阅读下面材料，按要求作文。

一个养蚌人来到海边，认真地在沙滩上挑选沙粒，并且问那些沙粒是否愿意变成珍珠。沙粒们都对变成珍珠表现了极大的兴趣，但对呆在寒冷、阴暗而又潮湿的蚌壳里又怕得要死。当养蚌人告诉它们要变成珍珠就避免不了与孤独、寂寞为伍时，沙粒们一个个选择了离开。他已记不清遭到了多少颗沙粒的拒绝，几乎就要放弃了，终于有一颗沙粒答应了他。

别的沙粒都嘲笑这颗沙粒是傻子，可都没有动摇这颗沙粒的决心。几年过去了，这颗小沙粒长成了光彩照人、价值连城的珍珠。那些曾经嘲笑过它的伙伴，仍还是沙粒，有些甚至已经不知道被风吹到哪里去了。

读完上面的材料，你有怎样的联想和感悟呢？请联系生活实际，写一篇文章。

要求：①字数不少于600字。

②文体自选（除诗歌外）

③文中不得出现你所在学校的校名和师生姓名。

④字迹清晰美观、卷面整洁。

第二单元测试试卷

（建议考试时间：90分钟，满分：100分）

一、选择题（每题3分，共30分）

1. 下列加点字注音只有一处错误的一项是（　　）。

A. 拙（zhuō）政园　　跻（jì）攀　　幽篁（huáng）　　寥（liáo）寥

B. 规模（mé）　　驯服（xún）　　提供（gōng）　　冷缩（suō）

C. 细菌（jǔn）　　哺乳（bǔ）　　两栖（xī）　　濒临（bīn）

D. 卓越（zhuō）　　潜艇（qián）　　蠕动（rǔ）　　缝隙（xī）

2. 下列词语中有两个错别字的一项是（　　）。

A. 掩映　渊博　意境　移步换景　　B. 想像　爆炸　开采　探索研究

C. 繁衍　分沁　挽救　相安无事　　D. 枯躁　残烈　穿带　纤尘不染

3. 下列各句中加点词语使用恰当的一项是（   ）。

A. 近年来，北京市除了在硬环境上为外商投资提供良好条件外，更在软环境上下功夫。

B. "减负"之后，学生们在学习上的积极性和创造性被彻底地发挥出来。

C. 他发现，树枝上有一小鸟即将展翅欲飞。

D. 本品是用银花、连翘等中药配制而成，并且具有祛寒退热的功能。

4. 依次填入横线上的词语，恰当的一项是（   ）。

（1）天一阁是我国现存最早的民间藏书楼，是我国古代藏书楼的_____，号称"第二个敦煌石窟"，在中国藏书史上具有极其重要的地位。

（2）苏州古典园林宅园合一，可赏、可游、可居，这种建筑形态的形成，是在人口密布和缺乏自然风光的城市中，人类_____自然，追求与自然和谐相处、美化自身居住环境的一种创造。

（3）代表们认为，西部大开发是在一个自然环境较为脆弱、经济基础较为薄弱、思想观念较为_____的地区进行的，这从世界开发史上看，是一项十分艰巨的工程。

A. 典范　留恋　落后 　　　　　B. 范例　留恋　滞后

C. 典范　依恋　滞后 　　　　　D. 范例　依恋　落后

5. 下列句子中加点成语使用恰当的一句是（   ）。

A. 他五岁那年，经常蹲在私塾教室的窗外听课，被先生发现，先生便让他登堂入室，成为班里最年幼的学生。

B. 在总结会上，大家高谈阔论，各抒己见，气氛热烈极了。

C. 大家认为王刚同学的发言的确是抛砖引玉，具有独到的见解。

D. 老师一番耐心的开导有如醍醐灌顶，使他心头的疑虑全都消解了。

6. 填入下面横线上的句子，与上下文衔接最恰当的一项是（   ）。

朱自清先生笔下描绘的江南的"水"，有凌空飘逸的，有汪汪一碧的，有晶莹澄澈的。_____，具有独特的意境和韵味，引人无限遐思。

A. 它们是瀑流、深潭、琼浆。他逼真地描绘出水的形、色、质

B. 它们是瀑流、深潭、琼浆。他逼真地描绘出水的色、形、质

C. 它们是瀑流、琼浆、深潭。他逼真地描绘出水的色、形、质

D. 它们是瀑流、琼浆、深潭。他逼真地描绘出水的形、色、质

7. 下列各句中没有语病的一句是（   ）。

A. 国务院决定免征部分关税和进口增值税的目的，在于进一步扩大利用外资，鼓励引进国外的先进技术和设备，促进产业结构的调整。

B. 看到交警同志在风雪中依旧坚持指挥着过往车辆，使我很受教育。

C. 为了防止这次财务大检查不走过场，部长要求各级领导机关首先要严格检查

自己。

　　D. 为了弥补用水不足，应当将废水回收，开展一水多用和以河水代替自来水使用。

　　8. 下列句子中的标点符号，使用没有错误的一项是（　　）。

　　A. 第二代无绳电话采用了数字技术，主要有泛欧数字无绳电话、个人便携式电话、个人接入通信系统等……具有双向互呼和越区切换性能。

　　B. 打陀螺讲求技巧，用力小了，陀螺旋转不起来，用力大了，陀螺又容易栽跟头，用力匀称，陀螺才能平衡而快速地旋转。

　　C. 传说伊欧斯是希腊神话中黎明（其实，指的是晨曦和朝霞）的化身，是希腊神泰坦的女儿。

　　D. 科学对人类事物的影响有两种方式。第一种是大家熟悉的：科学直接地、并且在更大程度上间接地生产出完全改变人类生活的工具；第二种是教育性质的，它作用于心灵。

　　9. 与"皎洁的月亮从云缝后面向下窥探着"修辞手法相同的一项是（　　）。

　　A. 朵朵浪花托起一个个美丽的传说。

　　B. 休闲是人生一枚甘甜的果实。

　　C. 他委屈的泪水像开了闸似的哗哗流了出来。

　　D. 在这时代的主旋律中，也偶尔有几声不和谐的音符。

　　10. 下列各句有的有语病，有的没语病，对正误的判断正确的一项是（　　）。

　　①××市××区经常组织青年志愿者对该区（a）那些膝下无子女（b）的老人予以（c）特别关心和照顾。

　　②西院李大爷处逾花甲（a），足下（b）只有一子，且远在外地，两三年都未见得（c）回家一趟。

　　③日本神户屡遭地震浩劫（a），政府为防止（b）地震，十多年来一直锲而不舍（c）地努力着。

　　A. ①a　②b　③a　　　　　　B. ①无　②b　③b
　　c. ①b　②a　③c　　　　　　D. ①c　②无　③a

二、阅读分析（30分）

让科学之光洒满成长的心灵

　　①面对科技和社会发展的要求，新时代的人才必须掌握现代科技的最新成果，必须具有较强的能力和宽厚的基础。这就对我们的学习和阅读提出了新的要求。在初中生中掀起科普阅读的热潮，提高科普阅读的水平，已经是当务之急。

　　②科普阅读是青少年全面发展、健康成长的需要。《十万个为什么》丛书主编王国忠先生打了一个很有趣的比方："初中生读书，我建议不妨学学狗熊。熊猫和狗熊这两

种动物，没有人不认识的。前者可爱但娇气十足，挑食，只吃某一类竹子，因而体弱多病。一旦这类竹子大面积死亡，熊猫也会活活饿死。狗熊不一样，食性杂，上树下水，荤素皆吃，所以能补充各种营养，体质强壮，力大无穷，在森林里称王称霸。初中同学要多阅读科普作品，最好不要'偏食'。要博览、泛取，收开卷有益之功"。

③少儿时期通过阅读科普读物培养起的兴趣爱好和获得的知识，会影响一个人的一生。科普作家陈钰鹏先生说："初中是人生培养兴趣的重要阶段，一个人如果在初中阶段受到优秀科普读物的熏陶，从而爱上科学，凡事喜欢提出'为什么'，那么他的人生也许会因之改变。如果将来在这些学生中能出一位对科学进步有所贡献的专家，那么对整个人类都是一大贡献。"

④通过科普阅读，培养初中生的科学意识和科学精神，也具有重要的现实意义。在"法轮功"痴迷者天安门广场自焚事件中，19岁的女大学生陈果和年仅12岁的小学生刘思影的悲剧，向我们发出了沉痛的警示：科学精神的缺失，比文化知识的缺乏更加可怕。是否具备科学精神，与一个人的知识水平高低有时并没有直接的关系。练习"法轮功"的人员中，有一些是高级知识分子，就说明了这一点。一个人是否具备科学精神，体现在他对待世界和人生的根本态度上，体现在他是否能够用客观、科学的眼光去分析、处理问题，体现在他是否迷信所谓的"权威"以及虚无的力量。

⑤随着"科教兴国"战略的逐步实施，初中生群体对科学知识的兴趣也逐渐浓厚，但科普阅读的现状却依然不容乐观。初中生学业重，闲暇时间少，阅读科普文章的机会极为有限。大多数初中生只有啃课本的份儿，没有"闲心"去品味科普的清新与芬芳。在"请写出你所知道的科普作家及其作品的名字"的问卷调查中，只有少数同学写出了儒勒·凡尔纳、凡纳·卫斯理及其作品的名字。当然，我们不能怪罪这些"可怜的小鱼儿"，因为我们提供给他们成长的"空间"太小，无法使他们自由地遨游于"海洋"。我们的科普创作和科普教育均未能为科普阅读提供良好的条件。

⑥应重视科普教育，让科普阅读走进学校，走进课堂。老师要带头读科普，要向学生推荐好作品，这可以起到良好的引导作用，形成科普阅读的风尚；各科老师讲解与科普有关的教学内容时，可以穿插讲解或引导学生学习一些相关的科普知识；这样既可以活跃课堂气氛，也可以提高学习效率；学校还可以开展一些科普演讲或讲座活动。这些都可以极大地激发起学生阅读科普的兴趣。

⑦我们的初中生是喜爱科普阅读的，只要我们科普作者、出版部门、学校、老师乃至全社会共同努力，科普阅读就一定会得到普及。让成长的心灵洒满科学之光，我们民族的明天也将是一片光明！

1. 如果把本文划分为两个部分，第一部分从第①段到_____段，第二部分先写_____，再写_____。最后号召全社会为普及初中生科普阅读共同努力。（6分）

2. 本文是从哪三个角度论证"在初中生中掀起科普阅读的热潮，提高科普阅读的水平，已经是当务之急"这一观点的？（6分）

（1）＿＿＿＿＿＿＿＿＿＿＿＿＿＿＿＿＿＿＿＿＿＿＿＿＿＿＿＿＿

（2）＿＿＿＿＿＿＿＿＿＿＿＿＿＿＿＿＿＿＿＿＿＿＿＿＿＿＿＿＿

（3）＿＿＿＿＿＿＿＿＿＿＿＿＿＿＿＿＿＿＿＿＿＿＿＿＿＿＿＿＿

3. 揣摩加点的词语在文中的含义，完成下面两题。（4分）

（1）第②段中写熊猫"偏食"意在告诫我们，读书要＿＿＿＿＿＿＿＿＿＿

（2）第⑤段"可怜的小鱼儿"比喻的是＿＿＿＿＿＿，"海洋"比喻的是＿＿＿＿＿。

4. 作者在第④段中说："是否具备科学精神，与一个人的知识水平高低有时并没有直接的关系。"对此，你是怎么看的？（5分）

答：＿＿＿＿＿＿＿＿＿＿＿＿＿＿＿＿＿＿＿＿＿＿＿＿＿＿＿＿＿＿

＿＿＿＿＿＿＿＿＿＿＿＿＿＿＿＿＿＿＿＿＿＿＿＿＿＿＿＿＿＿＿＿

5. 结合上文，根据你的见解，给学校图书馆提三条建议。（9分）

（1）＿＿＿＿＿＿＿＿＿＿＿＿＿＿＿＿＿＿＿＿＿＿＿＿＿＿＿＿＿

（2）＿＿＿＿＿＿＿＿＿＿＿＿＿＿＿＿＿＿＿＿＿＿＿＿＿＿＿＿＿

（3）＿＿＿＿＿＿＿＿＿＿＿＿＿＿＿＿＿＿＿＿＿＿＿＿＿＿＿＿＿

三、句段仿写（40分）

1. 模仿下面的文字写一段话，对某种情况加以总结。（10分）

流行是源于某种契机，又得到少数著名人物的支持，并为广大群众所模仿、扩大和夸张而形成的。它决不是由于科学的合理才成气候的，而是由于生活在某一时代、某一地区的人们所具有的某种共同的情感而形成的。

提示：

这段文字由两句话组成。第 1 句下判断，第 2 句用"不是……而是"的句式，从反、正两个方面加以强调。

仿写：＿＿＿＿＿＿＿＿＿＿＿＿＿＿＿＿＿＿＿＿＿＿＿＿＿＿＿＿＿

＿＿＿＿＿＿＿＿＿＿＿＿＿＿＿＿＿＿＿＿＿＿＿＿＿＿＿＿＿＿＿＿

2. 模仿下面的文字写一段话，介绍你所熟悉的一门艺术中相关的两方面特点，如流行歌曲的两种风格，绘画中的两种流派等。（30分）

中国园林在建造之先，首先考虑的是静观与动观的问题。所谓静观，就是园中给游者留有驻足的观赏点；动观，就是要有较长的游览线。二者说来，庭院专主静观；小园应以静观为主，动观为辅；大园则以动观为主，静观为辅。前者如苏州的网师园，妙在静中生趣；后者如苏州的拙政园，奇在移步换景。

提示：

上面文字有4句话。第1句总说两种情况。第2句分别加以具体的解说。第3句介绍其适用状况（仿写文字可以分析不同风格的不同特点）。第4句举例。

仿写：_____

_____

第三单元测试试卷

（建议考试时间：90分钟，满分：100分）

一、选择题（每题3分，共30题）

1. 下列加点字注音全都正确的一项是（   ）。

A. 赍发（jǐ）   投奔（bèn）   迤逦（yí lǐ）   调和（tiáo hé）

B. 恶了高太尉（wù）   陷害（xiàn）   玷辱（diàn）   休恁地说（nèn）

C. 浆洗缝补（jiàng）   酒馔（zhuàn）   尴尬（gān gà）   讷（nè）

D. 提防（tí）   省事（xǐng）   洗漱（shù）   朔风（shuò）

2. 下列词中没有错误的一项是（   ）。

A. 头炫   执拗   惊惶   觥筹交错   B. 嚣张   浩诚   堤防   泰然怡然

C. 筵席   干瘪   谙习   毛骨悚然   D. 犒赏   碇石   作糵   半身不遂

3. 下列各句中加点的词解释正确的一项是（   ）。

A. 当初在东京时，多得林冲看顾；后来不合（合不来）偷了店主人家钱财，被捉住了，要送官司问罪……

B. 李小二道："你不省得（明白），林教头是个性急的人，摸不着（拿不到）便要杀人放火。……"

C. 街上寻了三五日，不见消耗（消息），林冲夜自心下慢（松懈）了。

D. 如今我抬举你，去替那老军来守天王堂，你在那里寻几贯盘缠（路费）。你可和差拨便去那里交割（办交代）。

4. 下列各句中加点的词解释正确的一项是（   ）。

①某自幼与周郎同窗交契，愿凭三寸不烂之舌，往江东说此人来降。

②周瑜雅量高致，非言词所能动也。

③假使苏秦、张仪、陆贾、郦生复出，口似悬河，舌如利刃，安能动我心哉？

④内有一封，上写"蔡瑁张允谨封"。

A. ①很有交情   ②典雅有度量   ③打动   ④谨慎

B. ①情意很深   ②文雅有力量   ③动摇   ④严谨

C. ①交情深厚   ②气度高雅   ③打动   ④恭敬

D. ①交往很久　②风格高尚　　③使……动摇　④小心地

5. 对周瑜吩咐众将"如此如此"的内容概括准确地一项是（　　）。

A. 吩咐众将"各穿锦衣"，让蒋干看看东吴将士的风采。

B. 让众将赶紧准备美味佳肴，要盛情款待老朋友。

C. 让众将多准备酒菜，"轮换行酒"，灌醉蒋干，套出蒋干来此的真实目的。

D. 设计让蒋干盗走假书信，借曹操之手干掉蔡瑁、张允。

6. 对全文的理解，下列叙述有误的一项是（　　）。

A. 本文节选自清代罗贯中的《三国演义》，情节却相对完整。故事以"定计""用计""中计"为线索，叙述十分清楚，但情节的展开曲折跌宕，富于戏剧性，引人入胜。

B. 小说着重描写各个人物的言谈举止和音容笑貌，突出地刻画了周瑜、蒋干和曹操这三个人物。

C.《群英会蒋干中计》周瑜和蒋干共寝一室一节，写得极为精彩。周瑜假呼，是明知其诈睡；"蒋干只妆睡着"，是不知其诈呼。周瑜之醉，醉却是醒；蒋干之醒，醒却是梦。一"醉"一"醒"，一智一愚，可见一斑。

D. 本文历来为人所称道，是《三国演义》中极为精彩的一节，堪称"妙文"。它妙在周瑜三次笑和三次大笑，妙在一封天衣无缝的书信，妙在周瑜梦中呼子翼，醒来忘却呼子翼，妙在"听不真实"，可谓妙不可言。

7. 对下面文字理解正确的一项是（　　）。

周瑜大喜曰："吾所患者，此二人耳，今既剿除，吾无忧矣！"

A. 蔡瑁、张允武艺高强，除了他们，周瑜无忧了。

B. 蔡瑁、张允久居江东，对地形熟悉，除了他们，周瑜无忧了。

C. 蔡瑁、张允打仗有计谋，除了他们，周瑜无忧了。

D. 蔡瑁、张允久居江东，熟习水战，除了他们，周瑜无忧了。

8. 填入下列句中词语正确的一项是（　　）。

机械的骚音，汽车的臭屁，和女人身上的香气，霓虹电管的赤光———一切①＿＿＿＿＿＿似的都市的精怪，毫无怜悯地压到吴老太爷朽弱的心灵上，直到他只有②＿＿＿＿＿，只有③＿＿＿＿＿＿，只有④＿＿＿＿＿＿！

A. ①恶梦　②目眩　③头晕　④耳鸣　　　B. ①梦魇　②头晕　③目眩　④耳鸣
C. ①梦魇　②目眩　③耳鸣　④头晕　　　D. ①恶梦　②头晕　③目眩　④耳鸣

9. "四下里崩坏了，又被朔风吹撼，摇振得动。"这样描写的意义或作用是（　　）。

A. 有象征意义：当时的社会正如这草厅，动荡、腐朽，行将崩塌。

B. 有象征意义：林冲的命运如同这草厅，被黑暗的腐朽的恶势力（用"风雪"象征）压得走投无路。

C. 对情节有推动作用：草屋崩坏，才使林冲离开草料场到山神庙避寒；否则，林冲将被烧死，高俅如愿以偿，也就没有逼上梁山的情节了。

D. 有衬托作用：草屋的破漏，动荡，衬托了林冲的动荡的、矛盾的、不佳的心境。

10. 对曹操杀蔡瑁、张允理解正确的一项是（　　）。

A. 曹操过于信任蒋干，不信任蔡瑁、张允。

B. 曹操脾气暴躁，加上蔡瑁、张允不听命令，不愿进兵。

C. 蒋干带回的假信，再加上曹操多疑，对蔡瑁、张允又心怀戒心。

D. 曹操信任蒋干，再加上蔡瑁、张允不愿进兵，怠慢军法。

二、填空题（每题2分，共10题）

1. 中国古典长篇章回体小说的四大名著是_____、_____、_____、_____。

2. 《水浒传》是我国文学史上第一部以_____为题材的长篇小说，其基本主题是_____。

3. 《子夜》中吴老太爷的"护身法宝"是_____。

4. 《三国演义》中的魏、蜀、吴分别指_____、_____、_____。

三、判断题（每题1分，共5题）

1. 1930年一天，吴荪甫、杜竹斋、赵伯韬、刘玉英等人迎接由乡下来的父亲吴老太爷。到了吴公馆后不久，吴老太爷两手紧紧抱着《太上感应篇》，眼前出现了各种幻觉，客厅里各色的灯在旋转，古怪的家具，时髦的女人不停地跳着……最终突发脑出血气绝身亡。（　　）

2. 《水浒传》是我国文学史上第一部描写农民起义的长篇小说，作者是施耐庵。（　　）

3. 《子夜》第一章中塑造了一位生活于20世纪30年代的封建遗老——吴老太爷形象。（　　）

4. 《三国演义》全称《三国志通俗演义》，是我国第一部章回体小说。（　　）

5. 蔡瑁、张允、黄盖、孔明都是《三国演义》中的人物形象。（　　）

四、阅读分析（15分）

只说林冲就床上放了包裹被卧，就坐下生些焰火起来。屋里有一堆柴炭，拿几块来，生在地炉里。仰面看那草屋时，四下里崩坏了，又被朔风吹撼，摇振得动。①林冲道："这屋如何过得一冬？待雪晴了，去城中唤个泥水匠来修理。"②向了一回火，觉得身上寒冷，寻思却才老军所说，二里路外有那市井，何不去沽些酒来吃？便去包裹里取些碎银子，把花枪挑了酒葫芦，将火炭盖了，取毡笠子戴上，拿了钥匙，出来，把草厅门拽上；出到大门首，把两扇草场门反拽上锁了；带了钥匙，信步投东，雪地里踏着碎琼乱玉，迤逦背着北风而行。那雪正下得紧。

1. ①处的描写，其作用是什么？理解正确的一项是（　　）。（3分）

　　A. 草屋太破，确实过不了冬。

　　B. 破漏的草屋象征着林冲命运的不幸。

　　C. 破漏的草屋推动了情节的发展。

　　D. 破漏的草屋衬托了林冲的心情。

2. ②处写林冲打算"待雪晴了，去城中唤个泥水匠来修理"，这说明什么？理解正确的一项是（　　）。（3分）

　　A. 林冲认为看管草料场的差使不错，因此打算长期干下去。

　　B. 林冲没有完全识破统治者的险恶用心，还想忍辱求安。

　　C. 林冲怕这破漏的草屋过不了冬，所以想到修理草屋。

　　D. 林冲不知道陆虞候等设下毒计，因而有长期看管草料场的想法。

3. 作者在写林冲出草料场去市井沽酒时，为什么要交代他"将火炭盖了"？理解不恰当的一项是（　　）。（3分）

　　A. 天寒风大，草屋崩坏，林冲准备另找住处。

　　B. 突出林冲逆来顺受的性格。

　　C. 表现林冲谨小慎微，唯恐出事。

　　D. 是下文火烧草料场的伏笔。

4. "林教头风雪山神庙"中的"风雪"如何理解？（2分）

_____

5. 本段是如何描写风雪的？其作用是什么？（4分）

_____

五、作文（30分）

　　生活中我们会面对许多的人，许多的事，许多的情景，许多的场面，我们会面对快乐，面对悲伤，面对成功，面对挫折，面对幸福，面对灾难……于是，我们也便有了真切的记忆、诚挚的情感、深刻的感悟……

　　请以"面对_____"为题写一篇文章，抒写你的情感。

　　要求：

　　1. 补充完整题目

　　2. 体裁不限（诗歌除外）

　　3. 不少于600字。

第四单元测试试卷

（建议考试时间：90 分钟，满分：100 分）

一、选择题（每题 2 分，共 18 分）

1. 施耐庵先请高手画师把宋江等三十六人画了像，挂在一间房内，朝夕_____。
（　　）

  A. 揣摩   B. 观察

2. 梁中书用人不当，_____了杨志的幻灭。（　　）

  A. 决定   B. 注定

3. 下列各组词语中，没有错别字的一项是（　　）。

  A. 古董　闭关锁国　仪节　并行不背   B. 摩登　发扬国广　大度　柳暗花明

  C. 辩白　丧权辱国　辨识　磕头贺喜   D. 蹩进　勃然大怒　慰籍　概莫能外

4. 依次填入下列各句横线处的词语，恰当的一组是（　　）。

  （1）我们往往可以听到在一首歌曲或乐曲从头到尾_____的过程中，总有一些重复的乐句、乐段——或者完全相同，或者略有变化。

  （2）舞台上的艺术大多是时间与空间的综合持续。_____所有的舞蹈都要将同一动作重复若干次，但在重复之中又_____相应的变化。

  （3）这种重复却是给予这座建筑以统一性和雄伟气概的一个重要因素，是它的形象上最突出的_____之一。

  A. 持续　几乎　给以　特征   B. 连续　简直　给予　特征

  C. 持续　几乎　给予　特点   D. 持续　简直　给以　特点

5. 选择最恰当的一组词语填入下面句中的空白处（　　）。

  对于杨志，我们虽_____其遭遇，却_____其为人：对于林冲，我们既寄以满腔_____，却又_____其认识不够；对于鲁达，我们却除了_____别无可言。

  A. 同情　鄙薄　同情　叹惜　赞扬   B. 同情　蔑视　关注　深惜　赞扬

  C. 可怜　蔑视　关注　叹惜　赞叹   D. 可怜　鄙薄　同情　深惜　赞叹

6. 对下列句子的理解正确的一项是（　　）。

  A. 中国一向是所谓"闭关主义"，自己不去，别人也不许来。（1840 年鸦片战争以前，清政府实行的是闭关自守政策）

  B. 当然，能够只是送出去，也不算坏事情，一者见得丰富，二者见得大度。（鲁迅先生充分肯定了"送出去"）

  C. 所以我们要运用脑髓，放出眼光，自己来拿！（鲁迅先生十分形象地提出了

"拿来主义"的主张）

D. 那么，主人是新主人，宅子也就会成为新宅子。（只要坚持和实行了"拿来主义"，文艺就会成为新文艺）

7. 下列各句中，标点符号使用正确的一句是（   ）。

A. 在震动全国的"三家村"大冤案中，惨遭迫害的邓拓、吴晗、廖沫沙三位同志写作的《三家村札记》同广大读者重新见面了。

B. 虽然汉语对于外来语以意译为主，音译词——包括部分译音的，比重较小，但是数目也还是可观的。

C. 今年全公司要继续走"少投入、多产出；以适用技术服务于农"的路子。

D. 省委负责同志向退居二、三线的老同志介绍了我省明年经济建设的总体规划。

8. 下列各句中，没有语病的一项是（   ）。

A. 根据2011年中国城乡老年人口状况追踪调查数据显示看，中国拥有自主产权住房的城市老年人为79.2%，表明大量城市老年人将是"以房养老"模式的受益主体。

B. 近日，一则"立顿茶农药残留超标"的消息，引起社会广泛关注，我国的农药残留限量标准是如何制定的？中外标准存在差异的原因是什么？对于广大消费者来说，这些无疑不是大问题。

C. 2012年中国慈善排行榜在京发布，今年共有231位企业家上榜，曹德旺因在2011年捐赠价值35.49亿元的等值股票而蝉联中国"首善"称号。

D. 卫生部发出紧急通告，要求消费者和食品经营机构要停止销售和食用美国的两种花生酱。

9. 下面4个句子，排列顺序正确的一项是（   ）。

①我们可以把若干主要人物的故事分别编为各自独立的短篇或中篇而无割裂之感。②在这一点上，足以证明《水浒传》当其尚为口头文学的时候，是同一母题而各自独立的许多故事。③但是，从一个人物的故事看来，《水浒传》的结构是严密的，甚至也是有机的。④从全书看来，《水浒传》的结构不是有机的结构。

A. ④③②①　　　　　　　　　　B. ④①②③
C. ④③①②　　　　　　　　　　D. ④①③②

二、**填空题**（每空1分，共6分）

鲁迅，浙江绍兴人。1918年5月，发表中国现代文学史上第一篇白话小说_____，奠定了新文学运动的基石。主要作品有小说集_____、_____、_____；散文诗集_____、散文集_____；杂文集《热风》、《华盖集》、《华盖集续编》等专集。

三、**阅读分析**（每题4分，共36分）

（一）

至于颐和园的长廊，可谓千篇一律之尤者也。然而正是那目之所及的无尽的重复，才给游人以那种只有它才能给人的特殊感受。大胆来个荒谬绝伦的设想：那八百米长廊的几百根柱子，几百根梁枋，一根方，一根圆，一根八角，一根六角……；一根肥，一根瘦，一根曲，一根直……；一根木，一根石，一根铜，一根钢筋混凝土……；一根红，一根绿，一根黄，一根蓝……；一根素净无饰，一根高浮盘龙，一根浅雕卷草，一根彩绘团花……；这样"千变万化"地排列过去，那长廊将成何景象！

有人会问：那么走到长廊以前，乐寿堂临湖回廊墙上的花窗不是各具一格，千变万化的吗？是的。就回廊整体来说，这正是一个"大同小异"，大统一中的小变化的问题。既得花窗"小异"之谐趣，无伤回廊"大同"之统一。且先以这样的花窗的小小变化，作为廊柱无尽重复的"前奏"，也是一种"欲扬先抑"的手法。

1. 第一自然段要说明的意思是什么？

2. "才能给人的特殊感受"中的"特殊感受"指什么？

3. "那长廊将成何景象"一句中的"景象"是什么样的景象？

4. 第二自然段引出有人的提问，其作用是什么？

（二）

当然，能够只是送出去，也不算坏事情，一者见得丰富，二者见得大度。尼采④就自诩过他是太阳，光热无穷，只是给与，不想取得。然而尼采究竟不是太阳，他发了疯。中国也不是，虽然有人说，掘起地下的煤来，就足够全世界几百年之用，但是，几百年之后呢？几百年之后，我们当然是化为魂灵，或上天堂，或落了地狱，但我们的子孙是在的，所以还应该给他们留下一点礼品。要不然，则当佳节大典之际，他们拿不出东西来，只好磕头贺喜，讨一点残羹冷炙做奖赏。这种奖赏，不要误解为"抛来"的东西，这是"抛给"的，说得冠冕些，可以称之为"送来"，我在这里不想举出实例⑤。我在这里也并不想对于"送去"再说什么，否则太不"摩登"了。我只想鼓吹我们再吝啬一点，"送去"之外，还得"拿来"，是为"拿来主义"。

根据文意，回答下列问题

5. "冠冕"一词在文中的意思是_____。

6. 第1段文字运用的说理论证方法主要是：

7. 作者为什么说能够"送出去"也不算坏事情？

8. 作者将"发了疯"的"尼采"和"中国"放在一起比较来批判"送去主义"，作者这么写的目的是什么？

9. 第2段中"抛来"与"抛给"在实质上的主要区别是：

四、作文（40分）

以"成功"为题，自拟题目，作文。字数不少于600字。

第五单元测试试卷

（建议考试时间：90分钟，满分：100分）。

一、选择题（每题2分 共20分）

1. 下列各组词语中加点的字字音完全正确的一组是（ ）

A. 无锡（xī）　　　大堤（tī）　　　赐福（chì）

B. 涔涔（cén）　　　遥岑（cén）　　　妗子（jìn）

C. 伺候（cì）　　　窥伺（cì）　　　嗣位（shì）

D. 谛听（tì）　　　缔结（dì）　　　蒂固（dì）

2. 下列各组词语中没有错别字的一组是（ ）

A. 纺绸　半响　清醒　一帆风顺　　B. 敲诈　烦脑　固执　发言题要

C. 联络　拖延　昧心　苍海桑田　　D. 揣摩　混帐　签字　斗转星移

3. 下列破折号的作用解说有误的一项是（ ）

A. 周朴园：你——你贵姓？（表示声音延长）

B. 鲁侍萍：（泪满眼）我——我——我只要见见我的萍儿。（表示语气断断续续）

C. 周朴园：你现在没有资格跟我说话——矿上已经把你开除了。（表示解释说明）

D. 周朴园：我看你的性情好像没有大改，——鲁贵像是个很不老实的人。（表示

解释说明)

4. 下面有关戏剧常识的表述，不恰当的一项是（　　　）。

A. 中国的现代戏剧主要指二十世纪以来从西方传入的话剧、歌剧、舞剧等，话剧是其中的主体。我们常说的戏剧鉴赏主要指中国现代、当代戏剧和外国戏剧的鉴赏。

B. 戏剧必须有集中、尖锐的矛盾冲突。根据矛盾冲突的性质，戏剧又可分为悲剧、喜剧和正剧。《雷雨》属于悲剧。

C. 戏剧语言是戏剧的灵魂，它包括人物语言和舞台说明。人物语言也叫台词，包括对话、独白、旁白等。好的台词总是以最少的语言表达最丰富的内容。

D. 下列剧本、体裁、作者分别是：《日出》——现代剧——曹禺；《王昭君》——历史剧——郭沫若；《上海屋檐下》——现代剧——夏衍。

5. 结合全剧，回答：《雷雨》把周朴园三十年来的家庭与社会上的罪恶，浓缩在多长时间里来表现？场景设在何处？请选出分析正确的项（　　　）。

A. 一天。从早晨到傍晚；在周公馆客厅里

B. 一个夏天的午饭后；在周公馆

C. 从一个夏天的午饭后到子夜；在周家

D. 一个夏天的中午，到第二天凌晨在周家和鲁家

6. 对鲁侍萍的"命，不公平的命指使我来的！"这句话理解正确的一项是（　　　）。

A. 鲁侍萍相信这一切都是命中注定的，因此，只能用哀叹来表达对凄苦不幸命运的无可奈何。

B. 一方面，鲁侍萍相信命运，认为自己命苦；另一方面，也表现出她对黑暗的不公平世道的诅咒和反抗。

C. 鲁侍萍根本不相信有什么命运，她这样说完全是对这种不公平世道的极度愤慨与谴责之辞，表现出她的觉醒与反抗精神。

D. 这是鲁侍萍作为一个劳动妇女彻底觉醒的标志，是她向封建势力与不幸命运的大胆的挑战。

7. 填入下列空缺处词语，恰当的一项是（　　　）。

（1）现在我所担心的是我的婵娟呀！她明明是被人抓了去了。她是_____我的一个人，她把我当成她的父亲……

（2）我把我这_____的生命，代替了你这样宝贵的存在。

（3）我们是从宫中逃出来的，就是用了一点_____，把一个更夫来顶替了婵娟。

A. 尊重　微弱　妙计　　　　　　　B. 尊敬　微弱　诡计

C. 尊重　衰弱　妙计　　　　　　　D. 尊敬　衰弱　诡计

8. 下列省略号使用不当的是（　　　）。

A. 婵娟，我没想到还能够看见你，你一定是逃走出来的……你是超过了死线了。

B. 他……他跟着公子子兰……搬进宫里去了。

C. 先生，……那酒……那酒……那酒有毒。

D. 婵娟！你一定要活下去啊！活下去啊！婵娟！婵娟！……

9. 下列各句表达意思相同的一组是（　　　）。

A. 我吓得差点跳起来。

　　我吓得差点没跳起来。

B. 这样发展下去其后果是不可想象的。

　　这样发展下去其后果是不得而知的。

C. 这样的结局我何尝愿意看到。

　　这样的结局我何尝不愿意看到。

D. 我哪里不知道你的话是对的。

　　我不知道你的话对在哪里。

10. 对下面的句子可以有两种解释，请你就文意写出两种不同解释。

只要你同意做大会的主持人，表演节目，出场费的问题我们好商量。

1. _____

2. _____

二、填空题（25 分）

1. 《威尼斯商人》选自《_____》（人民文学出版社，1994 年版）里的《威尼斯商人》第四幕第一场。莎士比亚（1564—1616 年），文艺复兴时期_____国杰出的戏剧家和诗人，主要作品有《李尔王》《_____》《_____》《罗密欧与朱丽叶》等。《威尼斯商人》是莎士比亚的著名_____剧。

2. 戏剧是一种综合的舞台艺术，借助_____、_____、_____、_____等艺术手段，塑造舞台艺术形象，揭示_____，反映_____。

3. 戏剧根据艺术形式和表现手法可以分为_____、_____、_____；根据剧情繁简和结构不同可分_____和_____；根据题材反映的时代不同可分_____和_____；根据矛盾冲突的性质和表现手法分_____和_____。

4. 剧本是舞台演出的_____和_____，是戏剧的主要组成部分，剧本必须_____，必须有集中、尖锐的_____，人物的语言、动作必须符合_____。

三、阅读分析（每题 2 分，共 15 分）

威尼斯商人（节选）

鲍西娅：你这场官司打得倒也奇怪，可是按照威尼斯的法律，你的控诉是可以成立的。（向安东尼奥）你的生死现在操在他的手里，是不是？

安东尼奥：他是这样说的。

鲍西娅：你承认这借约吗？

安东尼奥：我承认。

鲍西娅：那么犹太人应该慈悲一点。

夏洛克：为什么我应该慈悲一点？把您的理由告诉我。

鲍西娅：慈悲不是出于勉强，它像甘霖一样从天上降下尘世；它不但给幸福于受施的人，也同样给幸福于施与的人；它有超乎一切的无上威力，比皇冠更足以显出一个帝王的高贵：御杖不过象征着俗世的威权，使人民对于君上的尊严凛然生畏；慈悲的力量却高于权力之上，它深藏在帝王的内心，是一种上帝的德行，执法的人倘能把慈悲调剂着公道，人间的权力就和上帝的神力没有差别。所以，犹太人，虽然你所要求的是公道，可是请你想一想，要是真的按照公道执行起赏罚来，谁也没有死后得救的希望；我们既然祈祷着上帝的慈悲，就应该按照祈祷的指点，自己做一些慈悲的事。我说了这一番话，为的是希望你能够从你的法律的立场上作几分让步；可是如果你坚持着原来的要求，那么威尼斯的法庭是执法无私的，只好把那商人宣判定罪了。

夏洛克：我自己做的事，我自己当！我只要求法律允许我照约执行处罚。

1. 鲍西娅对夏洛克抱有希望吗？她为什么要这样做？

2. 鲍西娅劝夏洛克发慈悲，指的是什么？（用文中的话回答）

3. 鲍西娅为什么强调慈悲？

4. 作者在公爵劝说无效之后又来劝说，这对刻画夏洛克有什么作用？

5. 联系全文，说说文中划线句的潜台词是什么？

6. 说说莎士比亚戏剧冲突的设计对表现戏剧情节的作用。

第六单元测试试卷

（建议考试时间：90 分钟，满分：100 分）

一、选择题（每题 1 分，共 15 分）

1. 下列说法中，对《关雎》表述不正确的一项是（　　　）。

A. 这首诗现在一般认为是一首优美的爱情诗，"关雎"是以诗歌中的句首两个字作为题目的。

B. 诗中第二章中重叠"悠哉"，形容小伙子心情舒畅，洋洋得意。

C. 这首诗在艺术手法上表现为比兴和重章叠句。

D. "琴瑟"和"钟鼓"并非写实，是想象之词。

2. 下列加点汉字注音正确的一项是（　　　）。

A. 譬如（pì）　　　慷慨（kǎi）　　　青衿（jīn）

B. 笙箫（shēng）　　阡陌（mò）　　　契合（qiè）

C. 周匝（zā）　　　哺育（pǔ）　　　鼓瑟（sè）

D. 沉吟（yín）　　　拾掇（duō）　　　呦呦（āo）

3. 对诗句解说不正确的一项是（　　　）。

A. "对酒当歌，人生几何"和"何以解忧，唯有杜康"几句诗表达了功业未成的曹操悲观厌世的一面。

B. "青青子衿，悠悠我心"运用了"青衿"的典故，意在表达作者求贤若渴的愿望。

C. 根据当时的时代背景，诗人"忧从中来"的"忧"来自于壮志未酬却已年过半百的忧虑，来自于社会动荡，国家统一前途未卜的担忧等。

D. "月明星稀，乌鹊南飞，绕树三匝，何枝可依"两联借乌鹊绕树表达"良禽择木而栖，贤臣择主而事"之意，希望天下贤士归于自己。

4. 下列各组中加点的字形、音无误的一组是（　　　）。

A. 嬴（yíng）　　　石扉（fēi）　　　屐（jī）

B. 殷（yīn）岩泉　　剡（tán）溪　　　熊咆（páo）

C. 天姥（mǔ）　　　渌（lù）水　　　鸾（luán）鸟

D. 水澹（dàn）澹　　惟觉（jiào）时忽已冥（míng）

5. 下列加点的词语解释有误的一组是：（　　　）。

A. 烟涛微茫信难求（确实）　　势拔五岳掩赤城（超出）

B. 忽魂悸以魄动（惊动）　　失向来之烟霞（先前）

C. 天姥连天向天横（遮断）　虎鼓瑟兮鸾回车（驾驶）

D. 迷花倚石忽已暝（睡着）　熊咆龙吟殷岩泉（震响）

6. 下列加点词词类活用情况与众不同的一句是（　　）。

A. 云青青兮欲雨　　　　　　B. 栗深林兮惊层巅

C. 越人语天姥　　　　　　　D. 虎鼓瑟兮鸾回车

7. 与"安能摧眉折腰事权贵"中"安"字用法意义相同的一项是（　　）。

A. 沛公安在　　　　　　　　B. 尔安敢轻吾射

C. 既来之，则安之　　　　　D. 离山十里有王平安营

8. 下列诗句在修辞上与其他三项不同的一项是（　　）。

A. 脚著谢公屐，身登青云梯

B. 霓为衣兮风为马，云之君兮纷纷而来下

C. 世间行乐亦如此，古来万事东流水

D. 指如削葱根

9. 下列各组词语中加点字的字形、注音都正确的一组是（　　）。

A. 纶（lún）巾　　酹（lèi）酒　　樵（qiáo）悴　　崩摧（cuī）

B. 纶（lǔn）巾　　酹（lēi）酒　　樵（qiáo）悴　　崩催（cuí）

C. 纶（guān）巾　　酹（lēi）酒　　樵（qiáo）悴　　崩摧（cuī）

D. 纶（guān）巾　　酹（lèi）酒　　樵（qiáo）悴　　崩摧（cuī）

10. 下面加点字的读音全都正确的一项是（　　）。

A. 樯橹（qiáng）　　酹（lèi）　　吟啸（xiào）　　羽扇纶巾（guān）

B. 笺注（qiān）　　赤鼻矶（jī）　　蓑衣（suō）　　料峭（qiào）

C. 针砭（biǎn）　　粗糙（cāo）　　差别（chā）　　创伤（chuāng）

D. 战栗（zhàn）　　炽烈（chì）　　对称（chèng）　　万箭攒心（cuán）

11. 下列各组词语中有错别字的一组是（　　）。

A. 萧瑟　桅杆　淘气　永葆生机　　B. 已而　凭吊　纶巾　繁冗拖沓

C. 赤壁　风姿　樯橹　绘声绘色　　D. 故垒　酒樽　罗网　安份守己

12. 下列句子中的"故"字，与其他意义不同的一项是（　　）。

A. 故垒西边　　　　　　　B. 已而遂晴，故作此

C. 故国神游　　　　　　　D. 故人西辞黄鹤楼

13. 下列句子中加点的词语的用法与众不同的一句是（　　）。

A. 大江东去，浪淘尽；　　　　B. 樯橹灰飞烟灭；

C. 卷起千堆雪；　　　　　　　D. 都门帐饮无绪

14. 从下列说法中选出不正确的一项（　　）。

A. "大江东去"中的"大江"指长江。

B. "故国神游"一句中，"故国"指旧国，旧地，这里指当年赤壁战场。

C. "卷起千堆雪"和"樯橹灰飞烟灭"两句都运用了比喻修辞格。

D. "羽扇""纶巾"都是古代儒将的装束。

15. 下列有关文学常识的表述有误的一项是（　　　）。

A. 大部分词调分成两段，甚至三段、四段，分别称为"双调""三叠""四叠"。段在词中又叫"片"或"阕"。一首词的上下两段分别称上下片或上下阕。

B. 从晚唐五代到宋的温庭筠、晏殊、秦观、苏轼、李清照等一系列词坛名家的词风虽不无差别，各有擅长，但大体上可归诸婉约范畴。

C. 婉约词风，其内容主要是写男女情爱，离情别绪，伤春悲秋，光景流连；其形式大都婉丽柔美，含蓄蕴藉，情景交融，声调和谐。

D. 苏轼，北宋文学家，为"唐宋八大家"之一。其诗清新豪健，善用夸张比喻，其词开豪放一派，对后世影响很大。

二、填空题（每题2分，共20分）

1. 《_____》是我国第一部诗歌总集，收集了自西周初年至春秋中叶五百多年的诗歌_____篇。内容上分为_____、_____、_____三部分。

2. 《关雎》是《_____》之始，也是《_____》第一篇。古人把它冠于三百篇之首，说明对它评价很高。而《诗经》中的"风"是属于_____，有十五国风，共一百六十首。

3. 这首诗在艺术手法上主要表现为_____和_____，在情感特质上主要表现为以礼节情，体现出健康明朗的风格。

4. 《关雎》中被后人常引用的名句是："_____，_____。_____，_____。"

5. 曹操的《短歌行》中的"_____，_____"被唐代文学家刘禹锡在《陋室铭》中化用为"山不在高，有仙则名；水不在深，有龙则灵"的千古名句。

6. 写出下列句子各用了什么修辞手法：

青冥浩荡不见底，日月照耀金银台（_____）；

虎鼓瑟兮鸾回车，仙之人兮列如麻（_____）；

天台一万八千丈（_____）。

7. 荀子（约公元前313—公元前238年），名况，字卿，战国末期_____。著名思想家、文学家、政治家，_____代表人物之一，时人尊称"荀卿"。

8. 辛弃疾（1140—1207年），字幼安，号稼轩，山东济南府历城县人，南宋_____词人，人称词中之龙，与苏轼合称"_____"，与李清照并称"_____"。

9. 《史记》，原名《_____》，西汉司马迁著。是我国第一部_____，全书一百三十篇，包括_____（记历代帝王政迹）、_____（记各种典章制度）、____

_____（记大事年月）、_____（记侯国兴亡）、_____（记重要历史人物的言行事功）五个部分，共五十二万字。

10. 王安石（1021—公元 1086 年），字介甫，号半山，临川（今江西抚州市临川区）人，_____著名的思想家、政治家、文学家、改革家。用"_____"阐述宇宙生成，丰富和发展了中国古代朴素唯物主义思想；其哲学命题"_____"，把中国古代_____推到一个新的高度。

三、把以下句子翻译成现代汉语（每题 3 分，共 15 分）

1. 关关雎鸠，在河之洲。窈窕淑女，君子好逑。

2. 山不厌高，海不厌深。周公吐哺，天下归心。

3. 项王则受璧，置之坐上。亚父受玉斗，置之地，拔剑撞而破之，曰："唉！竖子不足与谋。夺项王天下者必沛公也。吾属今为之虏矣！"

4. 于是余有叹焉。古人之观于天地、山川、草木、虫鱼、鸟兽，往往有得，以其求思之深而无不在也。夫夷以近，则游者众；险以远，则至者少。

5. 蛾儿雪柳黄金缕，笑语盈盈暗香去。众里寻他千百度，蓦然回首，那人却在，灯火阑珊处。

四、请为下列加点的字或词注音（10 个小题，每题 1 分，共 10 分）

1. 窈窕（　　）
2. 参差（　　）
3. 匝（　　）：周遍，环绕一圈。
4. 樯橹（　　）
5. 一樽还（　　）酹（　　）江月
6. 羽扇纶（　　）巾
7. 小乔初嫁了（　　）
8. 卮（　　）：酒器

9. 玦（　　）：环形而有缺口的佩玉

10. 俎（　　）：切肉的砧板

五、判断题（10 道题，每题 1 分，共 10 分）

1.《关雎》中，连用两个"悠"字，把主人公长夜难眠、思绪万千以及难耐的相思之苦表达得淋漓尽致。（　　）

2."别君去兮何时还"的修辞手法是反问。（　　）

3."安能摧眉折腰事权贵，使我不得开心颜"的修辞手法是设问。（　　）

4. 诗歌，泛指各种体裁的诗。诗是文学体裁的一种。诗是通过节奏、有韵律的语言来反映生活、抒发情感的。（　　）

5. 诗歌可分为旧体诗和新诗。广义而言，旧体诗包括旧体的诗、词、散曲（小令和套数），狭义而言，旧体诗包括古体诗和近体诗。唐代人把当时新出现的格律诗称为近体诗，它包括律诗和绝句；而把产生于唐以前、较少有格律限制的旧体诗称为古体诗，亦称"古诗"、"古风"。（　　）

6. 旧体诗属古代诗歌，新诗属现代诗歌。毛主席的《七律·长征》就属古代诗歌。（　　）

7. 李白的诗比较真实地反映了当时的社会面貌，表现了对日趋腐败的统治者的不满，以及对国家命运、人民苦难的关切。在李白的诗中，还有不少歌颂祖国大好河山的作品。李白主要运用了浪漫主义的创作方法，他的诗风清新飘逸。李白"斗酒诗百篇"，创作颇丰，可惜"十丧其九"，仅存九百余首。李白，字太白，号青莲居士，被誉为"诗仙"，又自称"谪仙"。（　　）

8.《梦游天姥吟留别》，又题名为《梦游天姥山别东鲁诸公》。"吟"，一种诗体的名称，如《梁甫吟》。"甫"，读 fǔ，古代加在男子名字下面的美称。（　　）

9. 词牌指填词用的曲牌名，"念奴娇""永遇乐"之类便是；它们又是词的题目，而"赤壁怀古""京口北固亭怀古"之类只不过是副标题。一曲为一阕，阕在文字上指词的曲调。（　　）

10. 词，是歌词，是一种按照乐谱的曲调和节拍来填写，歌唱的文学作品，它和音乐是没有任何关系的。（　　）

六、古诗背默（共 30 分）

1. 请背默《诗经》中的《关雎》一诗。（10 分）

2. 请背默苏轼的《念奴娇·赤壁怀古》一词。（20 分）